【中国人格读库】

国家新闻出版广电总局
培育和践行社会主义核心价值观主题出版重点出版物

礼　记

论君子礼敬人生

高占祥　主编

周殿富　选注直解

北京时代华文书局

图书在版编目（CIP）数据

礼记论君子礼敬人生 ／ 周殿富选注直解 . -- 北京 ：北京时代华文书局，
2014.9（2022.3 重印）

（中国人格读库 ／ 高占祥主编）

ISBN 978-7-5699-0568-7

Ⅰ . ①礼… Ⅱ . ①周… Ⅲ . ①礼仪－中国－古代 ②《礼记》－通俗读物
Ⅳ . ① K892.9-49

中国版本图书馆 CIP 数据核字（2015）第 236043 号

礼记论君子礼敬人生

LIJI LUN JUNZI LIJING RENSHENG

主　　编 | 高占祥
选注直解 | 周殿富

出 版 人 | 陈　涛
责任编辑 | 邢　楠
装帧设计 | 程　慧　赵芝英
责任印制 | 訾　敬

出版发行 | 北京时代华文书局 http://www.bjsdsj.com.cn
　　　　　北京市东城区安定门外大街 138 号皇城国际大厦 A 座 8 楼
　　　　　邮编：100011　电话：010-64267955　64267677
印　　刷 | 三河市嵩川印刷有限公司　0316-3650395
　　　　　（如发现印装质量问题，请与印刷厂联系调换）
开　　本 | 787mm×1092mm　1/16　印　张 | 16.5　字　数 | 156 千字
版　　次 | 2016 年 1 月第 1 版　　印　次 | 2022 年 3 月第 3 次印刷
书　　号 | ISBN 978-7-5699-0568-7
定　　价 | 48.00 元

《中国人格读库》编委会

主　　任：高占祥

编　　委：陈伟文　连瑞谦　刘晓红　刘艳华

　　　　　谢锡文　杨迎会　杨红卫　杨廷玉

　　　　　杨志刚　张广海　周殿富

社会主义核心价值观与中国人格

周殿富

社会主义制度在中国已经建立了六十余年，而我们党则在本世纪初叶提出了培育弘扬社会主义核心价值观的重大课题，显然是其来有自。

社会主义的道德风尚在新中国蔚然兴起，曾经那样地风靡于二十世纪中叶。邓小平同志曾经在改革开放中讲过，当年"这种风气不仅是中国历史上从来没有过的，而且受到了世界人民的赞誉"。然而可惜的是，这个在社会主义制度建立与实践中，同步兴起的社会主义道德风尚的成长道路，却是一波四折。半个多世纪以来，它先是与共和国一道遭受了十年"文革"的浩劫；接着便是全党工作重心转移到改革开放进程中，欧风美雨"里出外进"的浸洗濡染；再接着是西方"和平演变"在东欧得手的强烈震荡与冲击；最后又是市场经济中那两只"看不见的手"在搅动着、嬗变着人们的价值取向。至少在国民中出现了价值观上的多层次化，传统美德的弱化，社会道德文明水准的退化，光荣革命传统的淡化，这也许正是中央在本世纪初提出社会主义核心价值观的原因吧。

不管怎么"变"，怎么"化"，当我们回首来时路，却不能不说，中华民族真的很强大，很值得骄傲。人类经历了几千年的文明进程，堪称世界文化之源的"五大文明古国"，其他四大古国文明都已被历史淘汰灭亡，只有中国成了唯一的延续存在。近现代即使那般的积贫积弱，被西方列强豆剖瓜分、弱肉强食，想亡我中华都不可能，就连最强大的美帝国主义，最凶残的日本军国主义都成为我们的手下败将，而且打出了一个新中国，且跨过整整一个历史阶段，直接进入了社会主义。西方敌对势力几十年不遗余力地对新中国百般围剿，"冷战""热战""和平演变"手段用尽，连如此强大的前苏联乃至整个苏东阵营都被瓦解了，而社会主义的旗帜仍旧在960万平方公里的土地上高高飘扬，而且昂首挺胸地屹立在世界的东方，中国真的是太强大了。几十年来的瞩目成就，竟然令西方发出了"中国威胁论"。你管他别有用心也好，言过其实也好，总比让别人说我们是"瓷器"，是"东亚病夫"好吧？1840~1949年的一百零九年间，中国尽受别人的欺负、"威胁"了，我们也能让那些昔日列强有点"威胁感"，又有什么不好？更何况这是他们自己说的啊！我们并没吹嘘，也没有去做。几千年来我们侵略过谁呢？"反战""非攻""兼相爱，交相利"，中国古有墨子，近有周恩来、邓小平同志。这也是中华民族固有传统美德的延续吧！

生于忧患，死于安乐，这也当是中华民族的一个传统美德吧？几十年来尽管中国如此繁荣兴旺，但从邓小平生前一直到党的"十八大"以来，无论哪一届中央领导集体，从来都没有忘记过国之忧患。忧在何处，患在何处呢？

二十世纪八十年代末，邓小平同志曾经在半年的时间内四次提到：中国改革开放十年最大的失误在教育，在"对青年的政治思想教育抓得不够""对人民的教育不够"，足见他的痛心疾首。他晚年时又提到了"国格"与"人格"的问题，讲道："谈到人格，但不要忘记还有一个国格。特别是像我们这样第三世界的发展中国家，没有民族自尊心，不珍惜自己民族的独立，国家是立不起来的。"

（精装版《邓小平文选》第3卷331页。）

人们很少注意到邓小平的这一段话，但邓小平恰恰是在这里把"国格""人格"提升到了事关"立国"的高度。

那么，什么是我们社会主义的"国格"呢？邓小平讲得很明白："民族自尊心""民族的独立"。

新中国一路走来，我们最大的尊严便是完全靠"自力"，靠"艰苦奋斗"，而达"更生"之境。对西方敌对势力的"冷战""热战""和平演变"，我们何曾有过屈服？也正是在这一前提下，我们才有真正的"民族独立"。这就是我们的国格。那么什么是我们中国人的人格呢？邓小平同志在这里没有讲，但他在1978年4月22日召开的全国教育工作会议上的讲话中，在讲到我们的教育培养目标时，至少提到与社会主义人格相关的各个方面：革命的理想，共产主义的品德，勤奋学习，严守纪律，艰苦奋斗，努力上进，爱祖国，爱人民，爱劳动，爱科学，爱护公共财产，助人为乐，英勇对敌，集体主义精神，专心致志地为人民工作，等等。这里的哪一条不属于社会主义人格的范畴呢？

2006年党的十六届三中全会，第一次提出了"建设社会主义核心价值体系"的历史性命题和战略任务。2007

年，胡锦涛同志在"6·25"讲话中又具体提出这个"体系"包括四个方面的内容：①马克思主义的指导思想；②中国特色社会主义共同理想；③以爱国主义为核心的民族精神和以改革创新为核心的时代精神；④社会主义荣辱观。这四个方面，一是信仰，二是理想，三是精神，四是道德文明，哪一个不在社会主义人格的范畴之内呢？党的十七届六中全会又提到了社会主义核心价值体系是"兴国之魂"。

2012年11月，在党的"十八大"上又用"三个倡导"把社会主义核心价值观概括为十二项：①倡导富强、民主、文明、和谐；②倡导自由、平等、公正、法制；③倡导爱国、敬业、诚信、友善。而且中办文件又把这"三个倡导"分为三个层面：第一个"倡导"的四项，是国家层面的价值目标；第二个"倡导"的四项，是社会层面的价值取向；第三个"倡导"的四项，是公民个人层面的价值准则。实际上前两个"倡导"的八项都是属于"国格"范畴，而第三个"倡导"是属于"人格"范畴。

那么，我们怎样才能在前面讲到的那些历史嬗变中培育建构起这个"核心价值观"呢？中共中央政治局的第十三次集体学习，似乎很明确地回答了这个问题。

新华社北京2014年2月25日电讯称：中央政治局在2月24日，以弘扬社会主义核心价值观，弘扬中华传统美德为内容，进行了集体学习，习近平总书记在主持学习时强调：

　　培育和弘扬社会主义核心价值观必须立足中华优秀传统文化。牢固的核心价值观，都有其固有的根本。抛弃传统、丢掉根本，就等于割断了自己的精神命脉。博大精深的中国优秀传统文化是我们在世界文化激荡中落稳脚跟的根基。中华文化源远流长，积淀着中华民族最深层的精神追求，代表着中华民族独特的精神标识，为中华民族生生不息、发展壮大提供了丰厚滋养。中华传统美德是中华文化精髓，蕴含着丰富的思想道德资源。不忘本来才能开辟未来，善于继承才能更好创新。对历史文化特别是先人传承下来的价值理念和道德规范，要坚持古为今用、推陈出新，有鉴别地加以对待，有扬弃地予以继承，努力用中华民族创造的一切精神财富来以文化人，以文育人。

　　习近平总书记的这段论述相当精辟，对于如何培育建构社会主义核心价值观问题从四个方面剀切明白。

第一，他明确指出要在中华优秀传统文化的基础上，来构造我们的社会主义核心价值观，而不能割断历史。这一条十分重要，否则我们便会失去我们的本来面目，便会成为无源之水，也就无法走向未来。

第二，指出了中华传统美德是中华文化精髓，蕴含着丰富的思想道德资源。这就为我们揭示了社会主义核心价值观，要以弘扬优秀的中华传统美德为基础。

第三，他指出，对传统文化在扬弃中继承，在继承中创新。这就是说，社会主义核心价值观的内涵，既要有优良传统的文化精神，也要有时代精神，是二者的有机结合。

第四，他指出要用中华民族创造的一切精神财富，来化人育人。这就是说，弘扬中华民族文化，并不只是传承儒学那些道统，而是要弘扬全民族共创的优秀传统文化。同时也就是说，培育、弘扬社会主义核心价值观的根本目的是化民、育人。

尤其值得瞩目的是，习近平总书记在这次讲话中提到了一个"中华民族独特的精神标识"问题，而在同年的全国组织部长会议上又提出我们再也不能以GDP论英雄的思想。让人欣慰的是，思想道德文化建设终于被提升到一个民族的标识地位，这至少表明中国人的思想观念，并不落伍于世界潮流。

并不受人欢迎的亨廷顿生前给他的祖国提出的警示忠告，竟是如何弘扬他们没有多少历史和文化的"传统文化"："盎格鲁新教精神——美国梦"，以此为国家的"文化核心"问题。他讲道："在一个世界各国人民都以文化来界定自己的时代，一个没有文化核心而仅仅以政治信条来界定自己的社会，哪有立足之地？"所以，他提醒他无限忠于的祖国，一定要巩固发扬他们自入居北美以来，在新教精神基础上形成的"美国梦"理念的"文化核心"地位，这样才能消解这个国家的民族与文化双重多元化的危机。为此，他甚至预言美国弄不好会在本世纪中叶发生分裂。而且他公开预言不列颠大英帝国也会因民族与文化多元化的问题，导致在本世纪上半期发生分裂。

西方的一些专家学者们也十分强调国家民族文化的地位问题，柏克说："全世界的人根据文化上的界限来区分自己。"丹尼尔同样说："保守地说，真理的中心在于，对一个社会的成功起决定作用的是文化，而不是政治。开明地说，真理的中心在于，政治可以改变文化，使文化免于沉沦。"这些语言也可能有它们的局限性与某种非唯物性，但至少可以让我们看到那些发达的资本主义国家在想什么，至少与马克思主义经典作家们，关于意识形态并不总是消极被动地接受它的经济基础的论断并不相悖。

中国显然具有世界上最悠久的民族文化，同时显然也拥有世界上最强大的政治优势。新中国包括它直接进入社会主义的经济形态，以及其后的一次次经济变革，哪一次不是靠政治力量在强力推动呢？它当然同样拥有让我们几千年的民族文化"免于沉沦"的能力。有学人认为我们的民族文化早就被以往一次次的历史性灾难割裂了，这个看法显然都是毫无道理的。但我们当下却确实面临着"两个传统"失传失统的危险。中国的传统文化与优秀的民族美德，在当代国民中还有多少传承？老一代中国共产党人用生命与鲜血铸就的光荣革命传统，在党内还有多少"光大"？我们现在全民族的"核心文化"到底在何处？"社会主义核心价值观"的提出不仅符合世界潮流，也是使我们优秀的民族文化得以传承而不发生历史断裂的根本保证。富和强永远都不是一个民族的标志，哪个国家不可以富，不可以强？但能代表中国"这一个"本来面目，具有自己民族特色的，唯有中华民族的文化，能代表中国人形象的只有中国独具的道德人格。什么是人格？人格就是原始戏剧中不同角色的本来面目。

综上所述，我们是不是可以这样认为，社会主义核心价值观应内含如下的成分：中华民族传统文化中的优秀传统美德；中国人民近现代反帝反侵略反封建的爱国主义、斗争精神与中国共产党领导下形成的几十年光荣革命传统；中国化了的马克思主义有中国特色社会主义的共同理想；与"中国梦"远大目标相适应的时代精神。由这些内涵构成的社会主义核心价值观，用它来干什么呢？用习近平总书记的话来说就是"化人""育人"，把它再具体化一下，无非是打造能体现中华民族特色，代表中国形象的国格、人格。在思想道德层面上，一个国家的民族精神也只有在人的身上才能体现，所以我们依据社会主义核心价值观的基本要求，针对当代青少年的实际情况，策划了《中国人格读库》这样一套大型系列选题。

本套书承蒙全国少工委、中华文化促进会、团中央中国青年网三家共同主办推广，并积极提供书稿。难得高占祥老前辈热情出任该套书的编委主任，且高占祥同志不辞屈就加盟主创作者队伍。一些大学、中学教师与青年作者也积极加盟此套书的编写。该选题被国家新闻广电出版总局列为2014年全国社会主义核心价值观重点选题，在此一并鸣谢。

希望本套书的出版能为社会主义核心价值观的培育与弘扬，为促进青少年的道德人格养成起到积极的作用。欢迎广大读者与作家对不足之处批评教正，多提宝贵建议与指导意见。

谨以此代出版前言并序。

二〇一四年十月

于北京时代华文书局

出版前言

　　《礼记论君子礼敬人生》是一部以《礼记》读书札记形式来谈生命伦理与人生哲学的大众通俗读物，并附有《礼记新编60篇》。但既涉《礼记》，如何通俗也比不得读小说轻松。

　　是的，轻松本为人的生活中不可或缺的一义，却远非生命真正福音。姑做一个并不恰当的比喻吧：草食动物绝无狩猎追捕之劳苦，但也只能屈服于食物链的底层；而等候它的也只能是被驱使，被奴役，被吃掉的命运。肉食动物为了果腹，则必须付出日夜守候不惜奔跑之劳苦，虽难得轻松，但终是高踞于食物链顶端的王者。从这个意义上来讲，是否可以说：正是"吃"什么，在决定着生命的生存等级与命运归宿呢？而读什么书，不就等于我们在"吃"什么吗？

　　是的，不管怎么说，《礼记》之庞杂艰涩，无论如何，是不太适合今人阅读的。

　　《礼记》之杂，杂到大学专家分类都勉为其难；《礼记》之难，令专攻礼学者离开两汉注疏都难得其要；《礼记》之要，要在以天道地道而照人道，以"三道"而明礼义，以礼义而教人以忠孝爱敬尊让诚信节操来修身治心，终归是不离儒家"修齐治平"之宗旨。但其中有许多过时、糟粕的东西，乃至把深藏其中的珠宝都掩埋了。

《礼敬人生》一书最大的特点则是，紧紧围绕《礼记》中相关人学这一主题。弃其糟粕取其精华，紧密联系当下的社会生活实际用通俗的语言来进行讲解。而且大量引用了民间的、西方的哲理谚言与历史故事，与原文交叉讲述，令人读来饶有兴味而毫不觉枯燥。

更为难能可贵的是，作者并不局限于对原文的界说释义，而更多的篇幅是在认真讲解原文主题时，来谈自己的生命体悟与对人生的看法。虽然传达给人的尽是正能量，却无一丝玫瑰色的说教味道；从不掩饰社会生活、人生艰难、人性卑劣的真美、现实，而绝无灰色人生观的阴影笼罩；尽管对丑陋卑劣有许多尖刻的语言及至鞭挞彻骨，却从不失情理而绝无耸人听闻故作玄语之处。这与作者的深厚人文学养与丰富的人生阅历是分不开的。说文解字，以学养论英雄，谈人生则不同的阅历便有不同的滋味。因而，特向读者推荐：这是一本值得读、读得懂、用得上的好书。

相信本书的出版，会给读者的阅读生活中添一席有咀嚼滋味的美餐。即使能认真地琢磨一下目录中的一百个题目，也自会有所裨益。

试试，尝了才知滋味。

编辑部

让有血气的生命做地上的美与庄严

蒙田在一篇《致读者》中对他自己著述的评价是："这是一本真诚的书"，因为"我写这本书是为了我的家庭和我个人，丝毫没有考虑到对你有用"，所以最后一句则是提醒读者："不应该把闲暇时间浪费在这样一部毫无价值的书上！"

我要说的"致读者"则是：这本《礼敬人生》并不是一部"真诚的书"，但一定会"对你有用"。而且是一部比"颜如玉""黄金屋"都有价值，值得任何一个有志青年为其"浪费"任何时间的书。因为本书为大家选读的是阐发"经礼三百、曲礼三千"的《礼记》中有关人生的百篇精华。尽管做古文普及的事常常是费力不讨好的事，但《礼记》值得做。其中有《礼记》注我，也有我注《礼记》，但皆不离前人疏义。算是与大家的一种心得交流吧。舛误不确之处，还请见谅教正。

那么，《礼记》是一部什么书呢？

《礼记》是一部由孔子三千弟子中的七十二人所述，由汉人整理疏义的，研究中华古代人学礼学的经典名著。

中国古代关于"礼"的典籍有三部：《周礼》《仪礼》《礼记》，合称"三礼"。《周礼》是讲周朝官制政制的也称《周官》；《仪礼》是讲述中国古代各种礼仪、礼节、礼教活动具体仪式、程序、礼规等内容的；而《礼记》则是围绕着各种礼仪规范讲述阐发礼义的。这部礼书的价值远在其他"二礼"之上。它既是一部中国古典礼学，具有学科价值；同时又是一部最早的人学。

《礼记》通过释礼通义，对人的本质、人格、人心、人性、人情、人欲、人利、人患，以及人所应具备的道德情操、素质修为、气概精神、文明行为，几乎无所不包，均有所论。而且这部分论述、记叙语言的文学性与思想的深刻性，都令人叹为观止。就连被宋人收入《四书》的《中庸》《大学》二书也都是取自它的篇什；而《苛政猛于虎》一节，建国初便被选入了中学语文课本；于今仍在流行的许多成语、名言也出自《礼记》。尽管《礼记》的内容十分庞杂，尽管涉及到具体礼仪方面的一些东西，于今早已不合时宜，但那也是中国人领先于世界的一种文明创树。

《礼记》对于中华民族精神的形成，中国传统礼学思想的筚路之功是不可埋没的。中华民族之所以曾经是令世界景仰瞩目的"文明礼仪之邦"；之所以形成了一种"一统天下"的主体民族精神与优秀的民族文化传统；之所以出现了那么多在国难大义面前"爱死患生"的民族英雄节烈志士，宁以血肉之躯为长城而不屈外侮内患的忠义爱国民众，从而使历尽磨难劫波的中华民族不至陆沉，不至遭际与畜群为伍的命运，而自立于世界民族之林，成为全人类文明古国中至今犹存的唯一，不能不归于中华礼学思想对中国人格民气民族精神形成的奠基浇铸之功。

似乎有一点需要廓清的是：尽管中华民族优秀的传统礼学思想与封建礼教制度有割不断的亲本血脉联系，但"思想"与"制度"不能全然混为一谈。这就同水与清水、污水的关系一样，水与污没有必然联系。封建礼教制度的形成自是害人无算，但在批判摧毁这个制度时，连同传统的优秀礼学思想也一并扫地出门，这就如同洗脏水把婴儿一同泼掉一样愚不可及。我们应该走出"谈礼色变"的历史误区。陈腐与进步，并不以年代为分水岭。古代社会是落后，但不也出了那么多圣贤、英雄、豪杰、仁人志士吗？近代社会进步多了，不同样也出了那么多汉奸卖国贼吗？现当代社会的贪官墨吏、黑顶子商人、土豪人渣不也是层出不穷吗？古今不变的只有人性、人本。

很多人现在不缺钱，但在一个完全被欲望所支配的世界中的一些个体生命，早已失却了自我，失却了人的良知，为了钱而不惜一切。是的，爱默生说过："只有真正拥有什么的人才能给予什么；只有真正存在的人才能创造什么。"但耶稣不也讲过："争得了全世界，却失去了自我并要忍受苦难，这与人何益？"而伟大的但丁却说："贪婪，是一条吃得越多越饥饿的母狼。"人的贪婪欲望是永远没有满足的。当今之世的许多人为了钱财已到了不见棺材不落泪的程度，几如《礼记》所言："君子以财发身，小人以身发财？""小人不畏死"一般无二。

孔子讲过："礼，先王以承天之道，以治人之情。故失之者死，得之者生。"巴尔扎克在他那张代表物质的"驴皮箴言"上边说："要是你占有我，你就会占有一切，但你的生命也会属于我。"如今又有多少人为了发财而到了舍死忘生的地步？由此而滋生的社会丑恶现象在无情地啮咬着共和国健全的肌体。尽管那些腐败分子、民族人渣并非中华民族的整体，但"中国人"却因了这些渣滓，在世人心中已不再成为美的形象，难道这不是事实吗？

中国人现在最需要的是"克己复礼"。

克己——孔子说春秋时代已到了灭天理纵人欲的地步；程朱理学则提出了存天理灭人欲的口号，而我们需要的则只是克复每个人心中那份恶欲而已。是的，人的欲望是无以也不可覆灭的。试想如果世人连功名利禄、发财致富的心思都没有了，我们这个社会怎么向前发展呢？功名利禄、权力财富都可以争，但不可以不择手段。《礼记》早就讲过：君子之争，"争也君子"；孟子也早就讲过：只要合于道义，虽天下可争；不合于道义，虽一饭一饮不可取。我们即使做不到，也总该有一点良知吧？讲一点良心吧？中国20世纪的老百姓都知道怎么穷都不可以赚"昧心钱"，"喝凉水花脏钱，早晚都是病"，很讲"积阴德"。现在的人讲什么呢？阳德都不讲，却跑到庙里去烧香拜佛。进了三宝殿，都是烧香人吗？谁知道有多少心虚者在赎罪求佑呢？现在的人谁还怕进地狱呢？进监狱也不怕，一个名牌大学毕业生为了发财，在网上创业，很快便淘得了百万的第一桶金，但还嫌慢，便在网上赌博以求暴发。输了精光后，便去银行抢劫取款人，但不伤人更不杀人。在狱中一脸微笑的惊人自白却是："我依法权衡过了，我的罪我还能承担得起。"真让人无语：知识竟被如此而用。克己：做好自己吧，有报应啊！头上三尺虽没什么神灵，但因果总是有的，有道是"菩萨惧因，众生畏果"。播什么"因"，收什么"果"，农民都懂的，可是官人、商人、人渣不懂，挺可悲的，利令智昏而已，这些人哪有一个傻子？

复礼——历史没有倒车挡，何况过去的未必就美好，古人也未必就比今人好多少，否则，那些先贤哲人们就没必要搞什么"经礼三百、曲礼三千"了。但一个民族的优秀传统不能丢，共产党人的优良革命传统也不能失传。中华民族五千年，新中国建国六十多年，总有足为今日可用的好东西不能抛弃。如果这两个"传统"都失传，那就是历史的断层，这个民族也就完了。任何一个民族都是在"前喻文化"与"后喻文化"的交叉融合中发展前进的，就像人有两条腿，没有一前一后的互动，人就无法前进。

那么，本书所辑录的《礼记》篇章都告诉了我们什么呢？三百三千之礼，一词以蔽之："人道"——什么是人；人与禽兽有什么区别；人应当做怎样的人；怎样去以一个"人"的方式去生活、去作为；怎样以人应有的形象存在于天地之间，与天地并立为三。仅此而已，却由此而不能已。天地正因其"不已"而成其无穷，成其博大、深厚、高明、悠久。

"从其大者为大人，从其小者为小人"。什么是大者？《礼记》讲：天地万物，人为大者，人道为大，礼敬为大，仁爱为大。奥古斯丁讲："亚当的后裔虽然是属于血气的、必朽的，却能做地上的美与庄严。"神学家都如此精到地讲出了人的本质。那么，什么是"地上的美"呢？黑格尔讲："自然界美的高峰是动物。"当代美学家利光功则认为美"在一切价值中，它对于人来说，是具有最高意义的。"那我们是不是可以说：这个地球上美的高峰，就是那些拥有人性的人呢？是的，柏拉图给了人之美一个限制性前提："人如果从美的东西中得食粮而成长，那么他自己也就会变成优美高尚的人。"这似乎和动物界中"吃什么"在决定它的生存地位与等级的道理相一致。而席勒在论定"美是我们的第二造物主"时，也告诉了我们"美就是人性的完善"。今井清说："'美之魂'不外乎是整个人性。"做为一个人，一旦连人性都有所缺失、泯灭，那还有何美可言呢？而《礼记》至少会为我们"人性美"的养成，提供一份独一无二"食粮"。梁启超先生就讲过：《礼记》不可全读，也不可不读。并为青年们开列了十七篇可读的篇章。而笔者在这里为青年们选读的，便都是在今日仍有阅读与应用价值的部分。

卢克莱修曾经这样讲道："生命并不无条件地给予任何一个人，给予所有人的，只是它的用益权。谁的心灵和智力留下来，谁就还活着。"而任何一个生命来到这个世界上，都是"生存前竞争"中的伟大胜利者，因而我们务须珍惜生命，须知生命对拥有它用益权的主人最基本的诉求便是："做地上的美与庄严。"

祝愿我们的青年朋友们，"从其大者为大人"，以"天地不已"的精神，把青春的"星光"扩展为无穷的长天；把青春的"撮土"广延为深厚的大地，在不断地生存努力中，去实现生命对你的殷殷诉求。

目录

一、礼敬：做人应知的第一要义 / 001

二、节制：纵欲就是把生命交给了巴尔扎克的"驴皮" / 005

三、君子安身立命的十条礼谕 / 007

四、礼：教人知何以别于禽兽群 / 009

五、礼尚往来：感恩不是愚报与交易 / 012

六、富贵者当"自卑而尊人"；汉太尉慨叹不入狱安知狱吏
之贵 / 015

七、人生百年的十个分期称谓 / 018

八、时孝：人子事亲的四季之礼与一日两敬 / 020

九、为人子者与人争斗不孝有四 / 022

十、游子当知慰父母在家盼归之心 / 024

十一、人子居家举止礼敬孝思十三观 / 026

十二、亲在，衣冠不镶白；亲亡，衣冠不缀彩 / 028

十三、父执辈进退问对之礼 / 030

十四、对年长者的五个礼敬层次 / 031

十五、尊师之四礼可广为待客之道 / 033

十六、"客前不叱狗"与"餐桌软暴力" / 035

十七、现代人的"视觉空乏症"与男人的"软骨塌肩病" / 037

十八、为子女起名的四大忌讳 / 039

十九、忠诚敬业：王命在身不敢宿于家 / 041

二十、君子全交之道：不尽人欢，不竭人忠 / 043

二十一、君子的"站相""坐相"与"抱孙不抱子" / 045

二十二、君子"五不问"则不失礼敬 / 048

二十三、临丧不笑，临乐不叹；丧葬礼敬与不宜 / 050

二十四、君子有终身之忧，而无一朝之患 / 052

二十五、太子申生宁死而不肯拂父意之遗害 / 054

二十六、正人君子总该有忠、孝、耻"三心" / 057

二十七、"君子爱人以德，小人爱人以姑息"大有深意 / 059

二十八、礼不忘本："狐死正首丘""胡马嘶北风" / 062

二十九、君子称终小人称死，死不可免自当努力于生 / 064

三十、孔子临终自挽悲歌；人生不为君子也当成正人 / 066

三十一、"礼有余"莫若"哀有余""敬有余" / 068

三十二、君子知耻："人不要脸，鬼都害怕" / 070

三十三、君子不强求事功；不及尚可补，过之无以挽 / 072

三十四、君子临丧念始节哀顺变；大孝在生前而不在身后 / 074

三十五、子路伤贫之叹；论孝原心不原迹，家贫以菽水之欢
　　　　为孝 / 076

三十六、"人道政为大"：千夫殒命又何如一人善政 / 078

三十七、当途当念"苛政猛于虎" / 080

三十八、处墓墟庙堂之间人自悲敬 / 082

三十九、"嗟来"大鉴：好心为什么没好报 / 084

四十、美轮美奂：君子善谏，智者善解 / 087

四十一、仪表端庄，君王礼敬；衣貌不整，守门人拒报 / 090

四十二、"大义灭亲"未必可得主子欣赏 / 092

四十三、"天网"：人生无以逃脱的三个"裁判所" / 095

四十四、嫁女三夜不熄烛，娶妇三日不常乐；人生就是一场悲
　　　　喜交加的旅程 / 098

四十五、知事人之道然后能使人；子产论未能操刀而使割 / 100

四十六、礼：承天道，治人情，失之者死，得之者生 / 103

四十七、礼之"四治"：人情人义人利人患 / 105

四十八、"爱死患生"：人类生存境界的至高点 / 107

四十九、人性之最：饮食男女"两大欲"，死亡贫苦
　　　　"两大恶" / 109

五十、阎浮提世界的"魔兽"：人欲与兽性结合的杂种 / 111

五十一、生命对主人最起码的两个诉求 / 115

五十二、人是天地阴阳五行秀气所生之大物 / 117

五十三、礼成于宾主辞让礼敬；敬"县官"而不可忽
　　　　"现管" / 120

五十四、婚礼：夫妻为"天地合""万世之始"，男女
　　　　当有亲有敬 / 123

五十五、古人丈夫何以为丈夫；如今男人何以多"伪娘" / 126

五十六、人兽之别在礼义，尊卑之别不在男女 / 130

五十七、百日之腊，一日之泽；张而不弛，文武不能 / 132

五十八、女子的成年礼：加笄与取字 / 135

五十九、人子之孝的"三纲领"与"后三十年看子敬父" / 137

六十、曾子论人子敬身与"五不孝" / 140

六十一、君子之孝有"三难"：敬、安、终 / 142

六十二、孝分"力、劳、广"，仁及鸟兽草木为大孝 / 145

六十三、曾子论"归全之孝" / 148

六十四、生当惜缘，"三顺"自为积福之道 / 151

六十五、人间三大："人道政为大，爱人礼为大，礼以敬
为大" / 154

六十六、君子成其名即成父母之名 / 157

六十七、孔子论"天道有四"与人生成功四道 / 159

六十八、孔子论"野""给""逆"三违礼与"藤本人" / 161

六十九、君子奉"三无私"以劳天下可参天地 / 163

七十、君子择职：辞富贵而就贫贱，不使"人浮于食" / 165

七十一、君子不记父母之过而须记父行子效的原谷 / 167

七十二、何谓"执其两端"；什么是"高明""正确" / 170

七十三、道不远人：村夫愚妇自有圣人所不知不能处 / 173

七十四、君子所当奉行与禁忌的职场五事 / 175

七十五、大德者必得位、禄、名、寿；人爵怎如自得天爵 / 177

七十六、射如君子之道失鹄责己；远始于近高起自低 / 179

七十七、栽培倾覆：世界没有心，抱怨干旱何如把自己

变成雨 / 181

七十八、人道敏政地道敏树；治学当耻蒲卢螟蛉之误 / 183

七十九、天地之道：以至诚不二而达博厚高明悠久 / 185

八十、天地不已而终至无穷，人能不已则必成其大 / 188

八十一、天地因"并"而广，做人有"容"乃大 / 190

八十二、君子"三不失"自得威信服人 / 192

八十三、君子慎祸远耻庄敬日强；小人因无知无耻而无畏 / 194

八十四、君子不以己长病人短，不以人所不能而辱人 / 196

八十五、政治家要考虑人民的酒量，而不以己定法律人 / 197

八十六、无愧于人者自无所畏于天 / 199

八十七、君子知处情处厚处贤必受人敬尊 / 200

八十八、被人"敬而远之"者非鬼即神 / 202

八十九、君子进退之礼："三让"而进，一辞而别 / 203

九十、菩萨惧因，众生畏果；君子言虑终而行察弊 / 205

九十一、梧桐为母所杖，竹杖为守父忧 / 208

九十二、鸟兽伤其类哀不忍去，人哀其亲亡至死无穷期 / 210

九十三、人不困于贫富贵贱君长府衙者可称为"儒" / 212

九十四、"絜矩之道"：善与人同，自己讨厌的不用来
对待他人 / 214

九十五、与人不慢不争自无暴祸临门 / 216

九十六、"好男儿志在四方"与生之射礼 / 217

九十七、君子不怨不争，其争也不失君子风度 / 219

九十八、君子贵玉贱珉，人无玉质也别作石头 / 221

九十九、礼之大体：法天地顺人情／223

一〇〇、礼之"三"何其如此之多；人何以得与天地

　　　　并立为三／225

鸣　谢／229

一、礼敬：做人应知的第一要义

《曲礼》曰："毋不敬，俨若思，安定辞，安民哉！"

——《曲礼上第一》

━━━━━━━━━━━❈━━━━━━━━━━━

《礼记》首章《曲礼》开篇第一句就说："做人处事，不可以缺少敬重的态度。待人要礼敬于先；对事应临以庄重认真思考，而不可以玩忽轻浮的态度来处之。讲话的词语要安详稳妥中肯，才可以让百姓信服民心安稳。"

《礼记》把一"敬"字放在了三千之礼的"长房长孙"这种开宗明义的位置，其意不言自明。

中国传统礼仪的核心，全在一个"敬"字。这是先秦诸子的共识。做人的第一要义，首先要学会一个"敬"字。是以老子讲"敬人者人恒敬之，爱人者人恒爱之"；孔子讲"君子敬而无失，与人恭而有礼，""弗爱不亲，弗敬不正。爱与敬，其政之本与！"荀子讲：礼是"群类之纲纪"、"道德之极"，"为之，则为人；舍之，禽兽也"；"虽有戈矛之刺，不如恭俭之利也"。是以体恭敬而情爱人者，可以"横行天下"而人无不贵之、任之。"人无礼则不生，事无礼则不成，国家无礼则不宁"。墨子则讲天下纷争皆起于人之不相爱。其实，若无礼敬于先，又何来其爱？因而，无宁说天下所有纷争，都起因于无敬。

不敬人，人际必起隔阂怨憎，而敬人者人必敬之；不敬事，则必玩忽轻衰，而能成于何事；不敬物，则必暴殄天物挥霍奢侈无已，直至殒德丧身；不敬业，必无专心恒志，不专、不恒，一事无成，而何谈立业。而三敬之中，又尤以敬人为要。

敬人，必先敬于亲，父母兄弟亲顾，人之天伦，天伦亦不敬，而有何能敬？是以《尚书》首称尧帝"文思安安，允恭克让"，以亲睦九族而平章百姓而协和万邦。孔子有言："君子兴敬为亲，舍敬是遗亲也。"

敬人，必敬于师长，不敬而何来学问，是以荀子又言：师以身为正，无师则如"以盲辨色，以聋辨声"。不敬长而又何以成长？有道是"新竹高于旧竹枝，全凭老干为扶持"；"桐花万里丹山路，雏凤清于老凤声"，无老凤之教，雏凤何来其声，而焉知"桐花之路"该怎么走，如何行？还不得饿死？人不得前喻文化之哺，而何以称文，何以得化？何能清于老凤声？人的成长有如选攻课题，不知前人所言，又怎能超越前人；不站在巨人的肩上，又怎能高于前人？

敬人，亦必知礼敬前人，前人就是历史。个体生命在历史的长河中，连一朵浪花都够不上，你怎么可以蔑视这条大河呢？"碟子中扎猛，不知深浅"也许正是对那些不知敬畏前人，无知于历史而肆毒舌雌黄前人者的写真描述。我们只能称其愚蠢而已。

愚蠢是什么意思呢？就像一条春天里的虫子，只知窝在自己心中的一隅之地，上不知天高，下不知地厚；前不畏于古人，后无忌于来者，而又不甘寂寞，是以又有"蠢蠢欲动"之言。人若只是无知并不可怕，可怕的是无知又不甘寂寞，正所谓"无知者无畏"，因为他什么都不知道，怎么会有所敬有所畏？初生之犊不畏虎，虽因无知尚有一搏，而无知且无所敬畏者，则如同离地只有一丈高的人，却敢于放两丈长的绳索去跳"蹦极"一样。

敬人，又必须先敬己身，自己对自己都不尊重，而又何论尊重他人？是以**孔子**有言："君子无不敬也，敬身为大。"那么怎样才是敬身呢？**孔子**称"君子言不过辞，动不过则"就是自敬己身而人自敬之。而君子能敬身者必能孝其亲，能孝其亲者，必能敬于人忠于事而必能成其大。否则，"不能爱人，不能有其身；不能有其身，不能安其土；不能安土，不能乐天；不能乐天，不能成其身"。所以说"礼敬"二字实为做人的第一要义。

不知礼敬的人，立身于世必处处碰壁而一事无成，所以说，敬为礼之先，礼为人之本。不懂礼又不知敬的人，与禽兽又有何异呢？又怎如禽兽呢？

二、节制：纵欲就是把生命
交给了巴尔扎克的"驴皮"

敖不可长，欲不可从，志不可满，乐不可极。

——《曲礼上第一》

这段话是《礼记》开篇的第二句话，意思是说："凌人的骄气傲慢之心不可以增长，本能自私无德的欲望不可放纵，自己的所愿不可过满过足，人的享乐不可以穷极而无厌止。"

不控制傲慢的人，必招致凌辱及身；放纵欲望的人必走失自我；心愿无所满足的谓之贪婪，而占有者必为物役占有；穷奢极欲的人必乐极生悲。这段话无非在讲一个"节"字。人对自我必得有一个节度、节制。自我控制本是人类所特有的一种生存能力。骑马的人控制不了马匹的奔驰，就一定会被摔下马背；花豹如果控制不了自己追逐捕捉猎物的爆发式奔跑时间，就一定会窒息而死；狮子捉到一头水牛，要是不停地吃下去，就一定会死在它的猎物身旁；而那些身败名裂的人，又有哪一个不是因了没有节制呢？是以巴尔扎克在他的"驴皮箴言"（刻在驴皮上的一段话）告诫人们不能为了满足自己的贪欲而去过度追求物质时说：

"**要是你占有我，你就会占有一切，但你的生命也会属于我**"。在这个被欲望所支配的世界上，又有多少人不幸被巴尔扎克所言中，为了一张"驴皮"竟然不惜以命为代价，值吗？

三、君子安身立命的十条礼谕

贤者狎而敬之，畏而爱之。爱而知其恶，憎而知其善。积而能散，安安而能迁。临财毋苟得，临难毋苟免，很（狠）毋求胜，分毋求多，疑事毋质，直而勿有。

——《曲礼上第一》

这段话的意思是："对贤人要亲近而不失敬重，畏服而不疏远；对自己所亲近喜爱的人要看到他的缺点；对自己所憎恶的人要看到他的善处；能积累财富又要善施舍散财；能安于当下安定舒逸的生活，又能弃所安舍其逸以避后来之祸害；面对财富而不义不取；处危难之中而不放弃操守去求解免；一旦与人发生争斗而不能好勇斗狠以求胜；在利益财富的分配中只取应得不求多得；有所疑惑争议的事，在不明了情况的前提下不要妄下断言；做人处世要正直而不固执己见自以为是，要学会尊重他人。"

这段话为我们讲述了十条安身立命之道：①亲近敬畏贤者自得三分贤气，有道"近朱赤染墨黑"，跟着凤凰走是俊鸟；②人无完人，爱而知其恶不偏爱；恶而知其善不积私怨，因人性本善人无全恶；③富而能施敛而能散自不为人所仇；④安而能迁逸而能舍，是生存必备的适应能力，因人有旦夕祸福，三穷三富过到老；⑤不取不义之财是远祸避灾之古道，有道是"喝凉水，花脏钱，早晚都是病"；⑥临难不失节操，平凡也是英雄本色而不受制于人；⑦争不斗狠求胜，自无所伤，何况争战从来就没有真正赢家，相斗也只有两败俱伤，而表面上有胜者，实质上是背起了一份仇恨回家；⑧名利所分不求其多不招人怨，名利本是天下公器，怎可一人独占贪得；⑨临疑议不可自以为是，凡有疑议的事自因其内里复杂，而人人各有盲点，大白后乱断轻决者自招讥辱。⑩以直为道者无非胸襟坦白，至此而已；固执不化者只配称冥顽愚鲁而称不得直道。

人的生存之道，古人早已剀切明白，照着做就是了，所以有言说：人类一思考，上帝就发笑。

四、礼：教人知何以别于禽兽群

君子恭敬、撙节、退让以明理。

鹦鹉能言，不离飞鸟；猩猩能言，不离禽兽。今人而无礼，虽能言，不亦禽兽之心乎？夫唯禽兽无礼，故父子聚麀（yōu）。是故圣人作，为礼以教人，使人以有礼，知自别于禽兽。

——《曲礼上第一》

这段话之前《礼记》说：礼是成就道德仁义、端风正俗、决断争讼、判定是非、次第伦理、维系种种秩序、礼敬鬼神的纲纪规范。接着便讲了这段话。

这段话的意思是："君子待人处事都以恭敬于人为先，自我节制有度，凡事谦退相让来体现有礼，礼是人类所特有的文明。鸟与动物即使能学说人语，但也仍是不知礼的禽兽。人如果无礼，虽然也讲人话，那不也同样是禽兽之心吗？正因为禽兽没有礼的区别，所以父鹿子鹿才与同一只母鹿交配。所以有圣人出现，才开始制定出礼的规范，以礼来教人，使人有了礼的约束，知道把自己与动物区别开来，人才真正成其为人。"

中国之所以被世界称为"礼仪之邦"，就是因为中国人是人类中最早用理性的规范，来把人与禽兽区别开来的，正为此，我们的祖先才备受世界的尊敬，才从中原之地以武力拓展，而以文化的同化力量来统一征服人心，成其泱泱大国，而且成为所有文明古国中使自己的传统文化一直保持到现当代的唯一，这也许正是20世纪初世界诺贝尔奖得主大会宣称：21世纪的人类智慧，是属于中国孔子的智慧。而孔子的所有智慧，似乎都是以礼为根本的。其糟粕大多在"仪"，而不在"礼"；在人性恶而失于"节"，在滥用，而不在礼貌、礼节、礼敬的本身。

我们遭逢了一个"造反有理"的"文革"时代；又遭逢一个"一切向钱看"的市场经济时代，不但早已是斯文扫地，而且"礼仪之邦"中的一些美德的城垣也被摧毁几尽，我们还剩下多少"礼"了呢？如果人把"礼"灭绝了，那我们又是什么呢？原始初民们是与畜群们生活在一起的，是一个"人与禽兽相异者几希"的时代，我们难道还要回到那种生活在畜群中，而行不如禽兽的时代吗？

"克己复礼"似乎不再只是两千年前的历史口号，而是当今时代的一种道德文明呼唤。"克己"：人人都别再为这个已被那些无耻的人们弄得太肮脏的世界增添垃圾，至少别去做禽兽都不如的坏事丑行；"复礼"：别讲什么三从四德五伦，至少人人都多一点行为礼貌，懂一点礼节，讲一点礼敬。有铲除力量的，便去苟利国家生死以；无铲除力量的便去节制好自己，这世界便自会日见清凉。

五、礼尚往来：感恩不是愚报与交易

太上贵德，其次务施报。礼尚往来：往而不来，非礼
也；来而不往，亦非礼也。人有礼则安，无礼则危，故曰：
"礼者，不可不学也。"

——《曲礼上第一》

这段话的意思是："尧舜二帝时代讲究一个德厚，只讲施
而不讲报，一切依德而行以德为贵；后来到了三王时代渐次
有了对礼的重视：有施有报——受人恩惠的务要有所回报。
礼所讲究的是有往有来，有来施惠礼拜的，就一定要前往回
报回拜，否则就失于礼。人能信守礼的这一规则就会有心
安、太平；不守这一规则的就会有积怨，甚至会有所危害。
所以圣贤说'礼是不可以不学的'，人不学不知礼"。

《礼记》在这里把"礼尚往来"奉为人际交往的一种规则。久而久之，演化为一种美德，而一直奉行到如今。因为它符合人类的"回报"心理规律。小孩子都知道谁对他最好，他便和谁最亲近；谁对他次好，他便对谁次亲次近；谁对他恶，他便会看见谁便跑。就连禽兽都同样。社会中人总不能不如蒙昧未开的童稚与没有人性的野兽吧？是以古人有"滴水之恩，自当涌泉相报"之言流传；倘若今生无以为报，尚有"来世结草衔环托生牛马为报"之誓愿。这不是什么规范条文的强制履行，而是人性的一种本能。甚至人与动物间感恩回报的故事都足以简册成书。而古代君臣、主仆、施受者之间直至以生命感恩回报而催人泪下的故事更是不胜枚举。

　　施恩布惠者，君子之人自不图回报，只有小人才巴望春风秋雨、投桃得李。恩惠施助于人，一点善心涌动的完成而已，何须系于心怀？至于礼下于人必有所求者自当除外。尽管如此，受人所惠者不可无动于衷。但这种礼尚往来、感恩图报也绝非重在物质层面。受国之恩惠的自当有一份爱国之心，而不能端起碗来吃肉、放下筷子骂娘；报父母之恩，只须一有成人之举，二有孝敬之心即可，心比什么都重要；感师恩之大端无过于出类拔萃，怀师恩于心而不忘，终生敬执师长之礼，有道是师傅师傅，一日为师终身为父。受人提携、救助、友爱、敬重，至少总该以礼敬为报，才不失人之本心性情。而愚忠愚孝入人陷阱者与所谓"江湖义气"不在此例。古往今来，以"恩"索命者自不罕见，万勿以大罪与小恩小惠去"尚往来"才好。那只是一笔肮脏的交易。

平常正常之人际交往，也自当循"礼尚往来"之规则。至少人以笑脸相迎，你不能冷言以对。而人一生势、利之私心，便无礼可言。是以仁厚道德之人，从不会失礼于人；浅薄势利之人有"礼"也是包藏私心，千万别上当。礼虽出于心，但60亿人就有60亿种心，心与心是不同的。而正人君子的感恩回报之心则是天下如一的。

六、富贵者当"自卑而尊人"；
汉太尉慨叹不入狱安知狱吏之贵

夫礼者，自卑而尊人。虽负贩者，必有尊也，而况富贵乎？富贵而知好礼，则不骄不淫；贫贱而知好礼；则志不慑。

——《曲礼上第一》

这段话的意思是："所谓礼，便是自己谦卑不能自高老大盛气凌人，而要学会尊重人。就是挑着货郎担子的小贩，也自有可尊重之处，也有做人的尊严，也知道尊重他人，何况那些有钱的富人与当途的权贵们呢？懂礼、讲究礼的富贵者们，自不会凭借权、钱去骄奢淫逸；那些懂礼的讲究礼的贫贱之人，也自不会有怯懦畏惧之心。"

《礼记》的开篇在讲述了礼的重要性后，又在这里告诉了人们到底什么是礼：礼的最基本要求便是要尊重他人，而不可以自视高于他人。君子之人就是对被常人贱称为"挑八股绳"货郎担子的小商贩都要给以尊重。因为人无论富贵贫贱，都是平等的，都有同样的尊严，所以人与人的互相尊重是礼规对于人的最基本要求。

当今社会最缺少的恰恰是这个"最基本的要求"，人与人间缺少起码的尊重，几如一个野人之国。尤其那些富、贵者。一些机关的小干部都自高无比，哪有一点"自卑"啊？一些不知天高地厚的小吏、小仆，对待来办事的人，仿佛个个如手握生杀予夺的冷血判官一般，哪有一点尊重？还有一些领导干部见人总是一脸不屑与"装严"——装出来的严肃——这只能证明你底气不足，心虚，生怕被人瞧不起。而你越如此，便越受鄙视。懂点礼的不理你是了，不讲礼的说不准会给你点难堪。没见有人给天王殿前横眉怒目四大金刚礼拜上供的；倒是乡村间那些总是笑呵呵给老百姓办实事的"土地佬"的小庙前却总是香火不断。

敬人者，人恒敬之；爱人者，人恒爱之。还是老子讲得好，做得也好，一点不装，一点不张扬，有天大的学问只教人而不训人，给宰相都不做，只弄个管图书的柱下史掩人耳目，骑着一头青牛隐姓埋名一世。但哪朝皇上天子也都得称他一声老子，于今之人见了他的庙便去烧香上供，虽然他不得一丝承用，却赢得世代的恒尊礼敬。

官们、小吏们，见人理事之前想好了。青年后生们做官为吏之前想好了，免得难堪加遭人仇骂。没受过"文革"之害的人是不会知此滋味的，而贵为汉太尉的周勃则有不入狱安知狱吏之贵的喟叹，可警于猖狂的"大人"们。

七、人生百年的十个分期称谓

人生十年曰幼学；二十曰弱冠；三十曰壮，有室；四十曰强而仕；五十曰艾，服官政；六十曰耆，指使；七十曰老而传；八十九十曰耄。七年曰悼，悼与耄虽有罪，不加刑焉。百年曰期颐。

——《曲礼上第一》

这段话在讲百年人生的十个分期称谓：①七岁称悼；②十岁称幼学；③二十称弱冠；④三十称壮；⑤四十称强；⑥五十称艾；⑦六十称耆；⑧七十称老；⑨八十九十称耄（耄耋）；⑩百岁称颐（期颐）。

原文的意思是："人在十岁时称为幼，开始离家入塾学习，因称'幼学'；二十岁时称弱，此岁要行成人加冠之礼，因称弱冠；三十岁时称壮，娶妻后，男子称有室，女子称归家，而合称为家室；四十岁时称为强，当进入仕途；五十岁时，人面如苍艾之色，故称为艾，方可以参政封爵位；六十岁时称为耆，不应再受他人指使；七十岁时称为老，可以把祭祀等家事传给长子掌管，而不必亲持亲祭了，居官的此时要退休致仕了，与六十岁的合称耆老；八十岁、九十岁时称为耄，亦有八十称耄、九十称耋，合称耄耋之年。人在七岁称为悼，与八九十岁的人，即使犯法也不再加以刑罚。到了百岁之时，多丧失自我生存能力，要靠子孙颐养天年了，所以称为期颐。"

这一段的主旨在于讲尊老爱幼之礼，少儿要受到保护，老人要受到尊重加礼敬。七岁以下之幼与八十以上之老，有罪过也不加刑罚。而且当时的礼规是：大夫以上的官员到了七十仍担公职的，皇上要赐给几杖，入朝免礼，行走以婢女相扶，外出要配马车，可以自称老夫于外，称名于朝。上司与长者议事，要以就教的姿态，去到长者跟前，十分礼数谦让地去与长者对话。"谋于长者，必操几杖以从之。长者问，不辞让而对，非礼也。"

八、时孝：人子事亲的四季之礼 与一日两敬

凡为人子之礼，冬温而夏凊（qìng），昏定而晨省。

——《曲礼上第一》

这一段是讲为人子者，事父母双亲之礼的："为人子者的孝敬之礼，在冬天要让父母处于温暖的条件下，不使其感到寒冷；在夏天要让父母凉爽；晚上，要为父母提前铺好枕席被褥床帐；早上要早早起来向父母问候请安。"

为人子者事奉父母有一年四季之礼，要随着季节气候的变化，关心父母的冷暖炎凉，而免得父母不适。又有一日之礼为"晨省"——早晨要早起向父母问候可否安好；"昏定"——晚上睡觉前要为父母铺好床帐被卧，方便父母睡眠

而免去父母之劳。今人也自当时时关心父母的冷暖，气候的变化常常导致老人不适，为人子女者自当为双亲关注冷暖温凉风寒。晨省、昏定来必天天如此，但日日少不得为父母节一丝之劳，增一分关切，方为人子之孝。而不可视为繁文缛节。父母一朝驾鹤西归，你想有一饭一茶、一朝一夕之奉都已不再可能。这似乎是所有人永世无以赎补之大憾。为人子女者在父母生前自当日日勤思树欲静而风不止，子欲养而亲不待的自然法则，以期自然无情人有情，以免后有终生之憾。

九、为人子者与人争斗不孝有四

夫为人子者，……在丑夷不争。

——《曲礼上第一》

丑夷：指众人、他人、同辈人等。

这句话的意思是："人子若知孝敬父母，就不要去与人纠纷争吵打斗。"那是不知孝顺双亲的表现。为什么这样讲呢？

其一，与人争吵殴斗，为父母增忧，而孝行之一则是应让父母省心；其二，争斗无好口，与人争讼吵骂，难免有恶语伤及父母；其三，争讼不已，一旦激化矛盾而老拳相向伤及己身，则为戕害有伤父母所与之身体发肤，而尤伤父母之心，自为大不孝，为人子者怎能不念惜子如命的殷殷父母之心；若伤及他人，则为父母增加烦恼与负担；其四，一旦伤及人命、己命，而父母晚年依靠何人？

为人子者，一旦面临与人纷争，必念以上四不孝者，能忍则忍，能让则让。万不可负气、逞强。确有不可让处，也应诉诸法律而不可好勇斗狠，以逞一时之快。你可以一死了之，而父母怎么去"了之"？一些不懂情理的人会说：一人做事一人担。难道不知自己是父母所生之子吗？不知为人子者所为事事都关乎父母之喜乐忧愁吗？

十、游子当知慰父母在家盼归之心

夫为人子者，出必告，反必面。所游必有常，所习必有业，恒言不称老。

——《曲礼上第一》

本段的意思是："为人子女者，凡离家外出，必先详细告知父母，以免父母之忧；回来了必先见父母之面，既知父母安康，又慰父母思子之情。一旦外出游学，对于自己出游的方向，师承，所习何业，务须一一向父母详明，这些都是父母所极想知道的，心里才有底，免去父母的忧惑而安其心。平时说话也不可以自言一个老字。对外人称老则不敬他人，父母闻子老，便愈自觉所余无日，有伤其感。"

《苏武牧羊》叹"白发娘望儿归，红妆守空帷"，"三更同入梦，两地谁梦谁"；孟郊诗则有慈母手中线，游子身上衣。临行密密缝，意恐迟迟归之句；现代人多无父母情肠，惹得歌者热劝"常回家看看"，不知让多少父母潸然泪下。

为人子女者，凡离家处出一定要告知父母，有道是"儿行千里母担忧，母行千里儿不愁"。而归来必先见父母之面，一为以父母为重的礼敬之心，二免父母翘望之念。就是上下班，短时间离开，无论去归，都要学会与父母打招呼；若不能按时归家，无论何急何忙，都务须告知父母。这是为人子女者对父母敬重孝心最起码的要求；也是为人子者最起码的人伦修养。否则便与无视父母的存在同样，须知父母年老在家，每天最快乐的事，就是盼着儿女回家。就如同你小时候在幼儿园天天盼着父母来接的心情无二。

悲从中来啊！！！

十一、人子居家举止礼敬孝思十三观

　　为人子者，居不主奥，坐不中席，行不中道，立不中门，食飨不为概，祭祀不为尸；听于无声，视于无形；不登高，不临深；不苟訾，不苟笑。孝子不服（事）暗，不登危，惧辱亲也。父母存，不许友以死，不有私财。

　　　　　　　　　　　　　　　——《曲礼上第一》

　　本段主要从十三个方面来讲述了为人子者在举止言笑视听行为方面应遵守的人子之礼："①为人子者与父同居一室，不可坐于西南角的位置，那个方向是奥神之道——奥神为天神，所以那个位置是尊者所踞之处；②父子同席，为人子者不可坐于中间的位置，那是尊长的位置；众人四面围坐，则席的一端为首席，为人子者不可坐；③行走时不要占据中间的位置，那是尊长所行的位置；④在有左、中、右门之处，为人子者不可立中央之门，那是尊长当立之处；⑤举行家宴款待礼宾的食飨之礼，为人子者不能充当决定饮食限量的主人，应尊父母之意；⑥在举行祭礼时，为人子者不能充当尸者——那是当由孙辈担任的代先人受祭的神位；⑦听于无声，不管有无父母的吩咐，有如闻父母吩咐一样的，知道自己需要做什么；⑧视于无形，虽然没有见到父母的身影，也知道父母需要他什么时候在身边；⑨不登高处，不临深水，以免有不测让父母忧心；⑩不随便攻击人、诋毁人，不随便笑人，以免招辱而中伤父母；⑪不在暗处服事于人，更不与女子夜行，也不身临险地，以免招人非议与危险，而让父母脸上无光；⑫父母在，不可以把性命许诺朋友，父母在不远游，而何况性命，孝于父母，事高于天；⑬父母在不蓄私财，无伤父母为主之尊，家有千口，主事一人，不蓄私财则无分父母之心。"

"十三观"者，所言无非两件事：其一，知敬；其二，思孝。家里家外都要对双亲、尊长有礼敬之心；对父母时时事事有孝行孝思。康熙孝（祖）母对其可能所需之物置办周全预备，随时所需而万无一失；明帝母出行必随母轿步行于侧，以备家母随时吩咐。贵为帝王如此，何况常人？物质条件因地位、家境不同自有所不及，但为人子者，总该把父母放在心上，便为"孝思"。有孝心必有孝思，有孝思必有孝行。为人子者当知百善孝为先，万事亲为大，不可以任何遁辞以为文饰借口。

十二、亲在，衣冠不镶白；
亲亡，衣冠不缀彩

为人子者，父母存，冠衣不纯素；孤子当室，冠衣不纯彩。

——《曲礼上第一》

纯（zhǔn）：服饰上的镶边。孤子当室：父母亡后人子当家。

本句的意思是："为人子女者，有父母健在的时候，衣帽上是不能镶白边的；父亡故而子当家时，衣帽是不能镶彩边的。"

父母在而衣冠镶白会被人误认为父母亡故丁忧在身。父亡而衣镶彩则有违丁忧之礼。于今守孝之礼也还是有点讲究的好，最好不要犯忌讳，不但易有误会，也有失对父母敬生哀死之情礼。尽管许多古礼规多有封建乃至迷信色彩，但今人自当有所忌讳的好，以免父母一旦不快，或为知礼者所讥。

十三、父执辈进退问对之礼

见父之执，不谓之进不敢进，不谓之退不敢退，不问不敢对，此孝子之行也。

——《曲礼上第一》

父执：父亲的同辈、同事、朋友。

本段的意思是："去拜见父亲志同道合的同事友人，当敬执父子之礼。主人不说请进，就不敢进于室内；不说可以退下，就不敢离开；不向你问什么，就不敢随便讲话。这才是孝子应有的行为。"

所言之"不敢"既非畏惧，亦非拘禁，而是一种礼敬于父辈，以见孝子之谦卑，也是对父亲的一种孝敬。敬乃父之同事尚如此，可见对其父之孝行。于今虽已不拘旧礼，但见父执辈长者，总该多一层礼敬之心才是。中国人自古以长者为尊，何况是父亲的同辈同事朋友呢？

十四、对年长者的五个礼敬层次

长者问，不辞让而对，非礼也。

年长以倍，则父事之；十年以长，则兄事之；五年以长，则肩随之。群居五人，则长者必异席。

——《曲礼上第一》

这段话前一句的意思是："比你年龄或辈分大的长者向你问话或议事，一定要谦谨尊让，否则就不合于礼。"

后一段是讲："成年后，年龄比你大一倍二十岁以上的，就算是两代人了，所以应当敬执父辈之礼与其相处；比你大十岁的，就当以事兄之礼而敬之；年长你五岁的，就可以与他并肩而行了，但要处于'随'的位置，而不能抢前。五个人在一起群坐时，就要给年长的另设一席，以示尊重。"（古人坐以四人为一席。）

这两段讲述了与比自己年长者交往相处五个层次的礼节：①与尊长交谈，切不可夸夸其谈，最忌讳的便是扬才显己，即使长者在向你请教，你也确实比长者高明，那也必须十分注重口气、词语、表述方式的谦谨礼让，要言不烦。既谈清了自己的观点，又要让人感到你很谦虚、平和。这不是虚伪，而是对长者、听者的一种尊重，也是一个人的一种修养。②年龄相差二十岁行父执之礼；③相差十岁执兄长之礼；④相差五岁可执同年之礼而退让于后；⑤群坐位次以年龄大小为序，年长者为尊。

长者为尊，不但是中华民族的传统美德，在西方也同此。雅典的执政官梭伦下野后，批评继任执政官。执政官问他凭什么来指责他，梭伦的回答却是："就凭我比你年龄大。"这不是无理取闹，而是一种长者当然地要受到后人的尊重。至于倚老卖老，为老不尊者则另当别论。即使遇到此辈长者，也当礼让为先，免得授人以柄，横遭物议，流言会无翼自飞，而"众不可以户说"自为古人之叹，今人不可不鉴。

十五、尊师之四礼可广为待客之道

从于先生，不越路而与人言。遭先生于道，趋而进，正立拱手。先生与之言则对，不与之言则趋而退。从长者而上丘陵，则必向长者所视。

——《曲礼上第一》

这段话的意思是："随同自己的老师行走时，路遇熟人，也不可离开老师跑到路边去讲话；在路上遇到老师时，应主动走近老师，执师生之礼；老师如果有和你交谈的意思就陪着老师说话，如果老师没有想和你讲话的意思就要主动而礼貌地告辞；陪着老师登山时，要随着老师的视线转移而转移，不可自顾自地东张西望，以免老师要与你交流时而不知所云。"

这一段话讲了师生间的四种礼节：①随老师而行，不可中途离开与他人交谈，既失敬于师，又有误行程；②路遇老师，主动行尊师之礼；③是否与老师交谈，要看老师的意思；④陪老师游观时，不可分散注意力，要随老师的注意力为转移，以方便随时交流而有共同语言，否则会很难堪且令人不快。

尊师"四礼"非止于师，可推而广之为待客与陪同尊长之道。

十六、"客前不叱狗"与"餐桌软暴力"

尊客之前不叱狗。让食不唾。

——《曲礼上第一》

这是《礼记》中讲解青年人陪侍尊长者礼节时的一句话，意思是："在有尊长为客的时候，不要大声呵斥狗。向客人礼让进餐或布菜的时候，不要碰巧吐唾沫。"

有尊长为客时吆喝狗，会让人不舒服，甚至会让人产生厌客的感觉。不唯叱狗，只要有客人在，连对自己的家人、孩子都不可以申斥、辱骂，否则会让客人产生同样的感觉，甚至会为此告辞。

在陪客人进餐时，更要极其讲究"餐桌心理卫生"，不但不可有在让食的时候吐唾沫等让人恶心的事，也不可用自己的餐具为他人布菜，连让人产生污秽感影响食欲的语言都不可讲，要在各方面十分讲究"餐桌卫生心理"，否则都是失礼的表现，会让客人很不舒服。

　　还有一个"餐桌软暴力"问题：许多人为了敬让客人，不断为客人布菜，你怎么知道客人喜欢吃什么呢？你放到了人家的餐碟上，不吃不好意思；吃吧，又不是自己喜欢的食物。这种反"胃"不美的事，均非礼宾待客之道。

十七、现代人的"视觉空乏症"
与男人的"软骨塌肩病"

离坐，离立，毋往参焉。离立者不出中间。

外言不入于捆，内言不出于捆。

——《曲礼上第一》

离：本处指有两个人；捆（kǔn）：居室的门槛，本处指家门。

这两句话的意思是："见到有两个人坐在一起，或站在一起，虽然中间尚有容身之地，第三者也不要进入；见到有两个人站在一起，也不要从中间走过去，以免妨碍他人，而且也不礼貌，会受人讨厌、讥笑的。"

"丈夫不要把外面的事带入家门；妻子也不要把家务事说给丈夫。"

当今世人最缺少的，便是凡事要考虑到他人的方便，他人的感受。一首古词中讲"望天低吴楚，眼空无物"，而现代人不论老少，似乎全部患了"视觉空乏症"，但不是"眼空无物"，而是"目中无人"，一切的我行我素，旁若无人，仿佛这个世界只有他一个人或只是他们情侣的二人世界。一切只图自己方便，而绝不会有他人存在的感觉。更不会考虑到他人的方便、需要与感受，甚至到了不知耻的程度。禽兽做窝都要考虑到互不影响，不引起纷争，而人怎么能沦落到如此地步？

夫不与妻言外事，妻不与夫诉家务，似难能，也不尽人情。但男子汉大丈夫一定要像个男人样，有一点担当。在外面有什么好事、成就，尽可与夫人共享，但难事、烦心事，千万别带回家中与家人说，自己想办法解决是了。你回家说了，不是徒增家人的烦恼担忧吗？更不可外面委屈烦恼便回家中发泄，这不是男人。而需要的却是男人应承担起家人妻子儿女们的烦恼与发泄。现代社会不可行大男子主义，但男人一定要认识到男人与女人心理生理特征的诸多不同，虽然女人不可轻，但只要还是个男人，就该是一个担当者。因为上帝造人时，男人的肩膀都比女人宽，男人脊椎骨的支撑力与承重力都比女人强许多。**男人千万别像个太监，也别太贱。变态是病，变性是个人的自由，但千万不要把自己变成两足无脊椎动物。**须知男人的肩膀头宽，是男性与女性相别的一个重要特征，有道是"铁肩担道义"，男人总该多一点担当，千万别患"软肩病"，"软煎饼"是没有可资咀嚼口感、味道的。

十八、为子女起名的四大忌讳

名子者，不以国，不以日月，不以隐疾，不以山川。

——《曲礼上第一》

这段话的意思是："在为子女命名时，不可以用本国国家、国君、父祖的名与字；不可以日月甲乙丙丁等为名；不可以与性器官之病相同的字为名；不可以名山大河的名字为名。"

古人为子女命名多有忌讳，除上述四忌外，还有诸多。如，不以官名为名，不以畜名为名，不以器物、钱币为名，不以身体器官为名。这些命名方式之所以不宜，大多因礼仪的忌讳，如《礼记正义》言："以官（为名）则废职，以山川则废主，以畜牲则废祀，以器皿则废礼"。因各时代礼仪规定的不同，古人命名多有例外而各有其因，不一一赘述。

时代不同了，但人的命名十分重要，没必要去讲什么五行生克，但总该有所忌讳才好，至少在谐音上要文明，免得孩子上学时被取笑。

十九、忠诚敬业：王命在身不敢宿于家

凡为君使者，已受命，君言不宿于家。君言至，则主人出拜君，言之辱。使者归，则必拜送于门外。

——《曲礼上第一》

这段话主要讲述使者传君命迎送之礼："凡是做为君主的使臣，一旦接到了君主的命令，是不能隔夜传达的，而是要在当日送达。受命者就要亲自出门迎受王命，并要谦恭地对使者说：感谢您屈尊受辱前来传命，请使者入室答谢。使者回归时，受命者则要恭送到大门外。"

"君命不宿于家"似乎成为一种臣下忠诚于君主王命的象征。做臣子的一旦受命出征，便不隔夜马上离家去执行命令；一旦接到征召入朝的诏命，便连夜起身，马不停蹄地奔赴君王所在，这样才算忠于王命。否则就会受到词臣谏官们的弹劾，甚至要受到惩罚。

这种"王命在身，不敢宿于家"忠诚敬职的传统，在当今官场、职场上似也当蔚为风尚。

二十、君子全交之道：不尽人欢，不竭人忠

博闻强识而让，敦善行而不怠，谓之君子。君子不尽人之欢，不竭人之忠，以全交也。

——《曲礼上第一》

这段话的意思是："虽然自己见多识广学问渊博，但在与人交谈时又很谦让，而不炫耀扬己；自己德行善美而又不倦怠傲慢他人，这样的人可以称为君子。君子为客与人交往行事从不苛求于人，在饮食上不要求最高标准，在所赠送的衣物礼品上也不强人所难。只有这样，才能保持友好交往的长久。"

《礼记正义》释"欢"为饮食；"忠"为衣物；"全交"

为交结之道保全。欢当为酒食之欢，忠为物质往来。古人重礼，有朋友来必以饮食为欢，以赠物示忠于友情。而为客者则必十分谦退，不可难为苛求于主人，不使主人为难，这才能保持长久的友好往来。这才是君子之人的全交之道。

　　"君子不尽人欢，不竭人之忠"，即为全交之道，自适用于所有人际交往。而其要义在"不尽""不竭"，在等方面都该想到为他人留有余地，即使理直气壮受降敌虏，也当为人留有尊严。这是一种襟怀、一种风度、一种文明、一种人道。

二十一、君子的"站相""坐相" 与"抱孙不抱子"

《礼》曰:"君子抱孙不抱子。"此言孙可以为王父尸,
子不可以为父尸。

——《曲礼上第一》

这段原文的意思是:"礼书上说:'假代受祭人的尸者应该
由其孙子来充当,哪怕孙子还小,可以由一位君子抱着他就
位代受,而不可以让儿子来为尸。'这是在讲孙子可以为亡
父充任尸者,儿子则不可以代亡父受祭。"

王父:通亡父;尸:在祭祀父祖的时候,要由一个孙子
代替受祭者坐在神位上,接受后人的祭祀。而这个"神位"
只能由孙子坐在那里,而不能由儿子来代替父祖受祭。

这是一件很庄重的事，因而这个尸者必须笔直端庄地坐在"神位"上，因而《礼记》上又称："坐如尸，立如斋"，就是老百姓所言，文明君子之人"坐有坐相，站有站相"。"坐相"是什么相呢？就像尸者那样端正肃穆，不可东倒西歪东张西望；"站相"是什么？相反，就像祭祀前持斋戒的人那样恭恭敬敬地站在那里。这是古人认为一个人是否文明、正经的基本标准。如果坐姿、站姿不端正，就被认定是"二流子"，至少会被认为没有家教，甚至会议论他是"有娘养没娘教育的"。由此观之，为人子者在人前人后的所有举止言谈，都牵涉到父母的荣辱尊卑，不可不慎。

"尸者"的位置尊严如神。尤其是那个为亡故国君充当尸位的人，君臣一旦遇到都要下车，尸者只须在车上行礼答谢即可，而不须下车。尸者上车时还要用桌几垫脚，而且在充当"尸"期间不受任何处罚。而以孙辈为父祖尸者完全与后人的祭葬之礼规相关。古代神庙牌位与祖坟位置的排列是分两列的，是左昭右穆。父子是不在同列的，而孙子死后是与祖父排在一列的。这又与"左昭右穆制"相关。

那么什么是"左昭右穆"呢？一个家族或皇室，墓葬与祭祀亡祖的排列顺序：始祖居中坐北朝南，左面（东侧）按双数辈分二四六世依次向下排列，称为"左昭"；右面（西侧）按单数辈分三五七世依次向下排列，称"右穆"，二者合称"左昭右穆制"。古代以左为上，以右为下；以南为尊，以北为卑；而死后能进入此序列的只有各辈的长子才有资格进入，这与长子继承权又是直接统一的。因而"昭穆制"实质是一种宗法制度，而不只是简单的墓葬、祭祀礼制。

二十二、君子"五不问"则不失礼敬

吊丧弗能赙（fù），不问其所费；问疾弗能遗（wèi），不问其所欲；见人弗能馆，不问其所舍；赐人者不曰来取；与人者不问其所欲。

——《曲礼上第一》

这段话的意思是："赴丧吊唁的时候如果没有资助能力，就不要问人家花费多少钱；探视病人时，如果没有什么礼物馈赠于人，便不要问病人缺少什么；会见客人时，如果不能帮助人家安排食宿，就不要问客人想住在哪里；如果要赠予下属物品，就不要问人家什么时候来拿，应该主动送到手；如果想送给人家现成的礼物，就不要问人家想要什么。"

做不到的就连问都不要问，既不失礼也没什么难堪。如果人家说了，你又办不到，则既失礼又丢面子。送人家东西，还问人家要不要、要什么、你自己来拿等，这无异于"杀鸡问客"：你吃吗？等于空头支票，会让人感到你的虚伪。

二十三、临丧不笑，临乐不叹；
丧葬礼敬与不宜

临丧则必有哀色。执绋（fú）不笑，临乐不叹。介胄（zhòu）则有不可犯之色。故君子戒慎，不失色于人。

——《曲礼上第一》

这段话的意思是："面对丧事时脸上一定要有哀戚的表情，而不能是一副无所谓的样子，更不可与人嬉笑言谈；拉着引柩下葬入墓的绳索时是不可以失敬苟笑的；与人面对欢乐场合时则不要煞风景地去叹息不乐；身着甲（战衣）胄（战盔）时面部就要表现出不可干犯的颜色。所以，君子之人一定要谨慎地区分各种场合境况，而有与之相适合的表情神态，而不可以不合时宜地失色于人，以致失礼于众。"

传统的礼法被批得体无完肤，甚至被视为死亡学科。是的，封建礼教是一种吃人的制度，被废除也是自然，死有余辜。但还是要把封建礼敬、宗法制度与中国的礼学思想分开为好。旧礼教必须废除，但到什么时候，人只要还是人，就该讲一些礼节、礼敬，讲一点文明、修养。在送葬的人群中去嬉皮笑脸地交谈，穿着色彩鲜艳的服饰，不管怎么说也不太合人道人情，缺少点人味儿。兔死还有狐悲呐，何况人呢？

在本段的前面，《礼记》还教人：到了墓地，不要登人家的坟顶；参加葬礼不可以嬉笑；面对灵柩不可以歌乐；送葬时不要昂首挺胸，姿势要合时宜；邻居有丧，近邻不可以边歌边春米……难道这些讲究就没有一点道理吗？到什么时候，自尊、尊人都是不可废不可失违的基本准则，只要人类还想以人的方式生存着。

二十四、君子有终身之忧，而无一朝之患

丧三年以为极，亡则弗之忘矣。故君子有终身之忧，而无一朝之患，故忌日不乐。

——《檀弓上第三》

这段话是子思讲的，意思是："儿女为父母守孝最高的期限虽然只是三年，但对于君子之人来说，这种丧亲的痛苦则是终生无以忘却的，而且终身日日担心双亲之墓一旦有意外之患而受到破坏，所以，每当父母去世的忌日，从来都不会去享乐什么，不在这一天举办吉庆之事。"

君子对父母的意思是终生隐痛于心无以割断的。在这个世界上还有什么哀痛能比这种意思更痛彻心扉刻骨难忘呢？而且是埋在心底最深处的一种隐痛，痛得让人胆怯，思而却

步，不敢再去想，怕那种滋味翻上心头，岂止只是"忌日不乐"可一言以概之的？

父母健在的人，真是一种幸福。千万不要到了失去时，才知道珍惜。遗憾的是只有失去父母的人，才知道那是一种什么滋味，什么叫思亲之痛。而能说出来的都不是痛。

"有终身之忧，而无一朝之患"这句话，大可以引申为有远虑而无近忧之义。当然此忧已非彼"忧"了。

二十五、太子申生宁死而不肯拂父意之遗害

晋献公将杀其世子申生。公子重耳谓之曰："子盖言子之志于公乎？"

世子曰："不可。君安骊姬，是我伤公之心也。"

——《檀弓上第三》

这段话的意思是："晋献公因骊姬的谗害要杀世子申生，他的异母弟重耳问他：'为什么不向父亲说明真相呢？'申生说：'不行啊，父亲喜欢骊姬，我把真相说出会让父亲很伤心的。'"

接下来重耳又问道："那你为什么不逃走呢？"申生叹道："父亲说我要害他夺位，天下哪个国家会收留这样无君无父的不孝之子呢？我还能逃到哪里去呢？"

申生想到他的外公——当朝的大夫狐突早就劝他流亡避难的话，便派人去说："申生有罪，五年前我受命去讨伐东山时，您就劝我乘机出逃，以免受害，我却没有听从您的劝告，以至被陷于死亡的境地。虽然申生并不贪生怕死，但我父已老，他想让即位的小弟（骊姬之子）奚齐年龄太小，国家又处于多事之秋，您就不出来帮帮我父亲来治国吗？如果您能如此，就是对申生的恩赐，申生死而无患了。"申生向着外公家的方向礼拜后便自缢而死。由于他如此孝父忧国，所以死后被谥为"恭世子"。

申生是晋献公正室夫人狐突氏所生的嫡长子，因而是当然的继承人。骊姬受宠后生下了奚齐，便想让自己的儿子来继承公位。而要达此目的，除非申生死掉。于是，她便网罗奸臣小人来合谋陷害申生，制造了申生既调戏她又想毒害晋献公的各种假现场来诬陷。但申生为了不让父亲伤心，非但不去说明真相，宁愿死去，而且在死前还拜托外公家辅治国难。

正因为申生如此忠君孝父，所以《礼记》把他收入其中，以教化后人。但这实是一种愚忠愚孝，正是曾子所说的那种"爱人以姑息"之忠孝。而姑息必养奸为患。申生虽其情可悯，但愚忠愚孝并不可倡，非但害了自己，而且为家国留下无穷后患。晋国自此一直乱了二十余年，直到重耳流亡归国执政为晋文公，才稳定复兴。

世子申生：晋献公的嫡长子也是"太子"名叫申生。帝王的下一代继承人称太子，诸侯的继承人称世子。

公子重耳：申生的异母弟名叫重耳，公子是他的身份。帝子称皇子、王子，诸侯子称公子。当时多把身份或职位与名合称。重耳便是在申生死后去国流亡二十年又回国执政的晋文公。

骊姬：是晋献公灭骊时掠来的女人，成为他的妾妇宠姬。也是申生与重耳的庶母（小妈）。

子盖：你何不。君安：父亲宠爱。是：本处指如说明真相就会的意思。

二十六、正人君子总该有 忠、孝、耻"三心"

鲁庄公及宋人战于乘丘，县贲父御，卜国为右。马惊败绩，公队。

——《檀弓上第三》

县贲父御：鲁庄公的驾车人，名叫县贲父。

卜国为右：居于右面副驾位置的人名叫卜国。

公队：鲁庄公从车上掉下来。队通坠。

这段话的意思是："鲁庄公率军与宋军在鲁境乘丘这个地方会战。为他驾战车的车夫名叫县贲父，站在右面的副驾名叫卜国。在两军激战中，由于庄公的马惊车翻而失败。"

《礼记》上接着讲道："两个车夫正车后，副驾卜国请庄公抓住上车的绳子。庄公说："你也太无勇了，把车都驾翻了。"正驾县贲父说："以前从没有翻过车，今天如此失败，是我没有勇力也。"说完，两个车夫便投入战场战死。

战后，马夫在洗马时，发现马腿内侧伤得翻白的肉中有流箭，便告诉了庄公。庄公这才恍然大悟说："翻车不是驾车人的罪过啊！"于是，便为车夫加谥号、做诔词来悼念。这是从来没有过的事，君主为士人加谥致诔就是从这时开始的。

车夫临危死难，为忠君之礼；庄公为士加谥致诔为悼，是君待臣之礼。而前文的申生之死与本节车夫之死，足见当时为人臣子所崇尚的忠孝义烈观。

知耻近乎勇，忠孝不辞死，始终为古人所称道。虽今人未必首肯，但总该有忠心孝心知耻之心，才是正人君子吧。

二十七、"君子爱人以德，小人爱人以姑息"大有深意

曾子曰："君子之爱人也，以德；细人之爱人也，以姑息。吾何求哉？吾得正而毙焉，斯已矣！"

——《檀弓上第三》

这段话是曾子临去世之前对他的儿子曾元讲的。曾子病危那个晚上，他的弟子乐正子春与子弟曾元、曾申守在病榻之前。忽然，手持火把坐在墙角的一个少年仆人望着曾子身下之席说道："这床席真的好漂亮啊，这是大夫们用的席吧？"乐正子春忙呵斥他不要这样说，而曾子听到少仆的话却惊呼了一声说："这张席是大夫们用的，是我们鲁国当朝执政的大夫季孙送给我的，我还没来得及把它换下来。曾元，快来帮我把这席换下。"曾元急得忙对父亲说："您的病正重，不宜移动，还是等天亮您的病好些再为您敬易此席吧？曾子便对曾

元讲了前面那段话，意思是说：

"你对我的爱心还不如那个童子。君子爱人以礼以德，而小人（细人）则用迁就姑息去爱人。我还有何求呢？能够寿终正寝不失于礼，就可以了啊！"

在曾子的坚持下，大家把他抬起来换下了那张席子。当他在那张已换好的自家席子上躺下来，还没躺安稳时，便溘然去世了。

圣人自是圣人，至死都要一个名正言顺，只用符合自己身份的席子，而不肯死在那张大夫所用的贵席上，称得上是真正的寿终而"正"寝了！而为我们留下的"爱人以德"却足以令人深省，而"爱人以姑息"则警人而惊世。"姑息养奸"自是千古明镜，姑息害人不浅，而绝非爱，而人不自知，一旦酿成后果，铸成大错，则如梦方醒而悔之晚矣。

"爱人以姑息"的后果，便是害人。当下教子多失于溺爱，一旦养成坏习性，长大想改都难。孩提之心有如一尘未染，一色未着之白布，一旦有所染着成色，便难以洗却，为人父母者必得把严、爱分开，三岁伊始，必诱之以善，严纠其恶，尚不为失时。以免姑息成患为害而噬脐莫及。所谓"好孩子不用管，管死不成人"，"棍棒底下出孝子"都是害人之两端。人性本善，而"不成人"者则多由失管失教。是以《颜氏家训》有言：少、小劣行一旦习惯成自然，长时便不以为非为恶，加之以棍棒也全然无效。这才是"打死不成人"的症结所在。为人父母尊长者真当知何谓爱子。

二十八、礼不忘本："狐死正首丘""胡马嘶北风"

君子曰："乐，乐其所自生。礼，不忘其本。古之人有言：'狐死正首丘'，仁也。"

——《檀弓上第三》

这段话的意思是："君子说：'先王之所以创造乐制都与王业有关，因为乐之名都源自王业之本；礼制也同样来自王业之本，所以礼乐之制都不该忘本。所以，古人有一种说法：'狐狸死了，它的头是朝着它洞穴所在山丘的'，所谓的仁应该如此吧。"

那么，"君子"为什么如此说呢？是由西周太师姜尚（姜子牙吕尚）子孙五代由齐而回葬周京的事引发的一种议论。

《礼记》前文讲：姜太公（大公）是周文王周武王的首席辅臣，虽然被封在齐国之地，但姜太公却只让他的儿子们去了封地立国，而自己为了表示忠于王室，而留在了周室的故都镐京。

姜太公去世后按礼的规定，他是齐国的始祖，自当葬于齐地，但他仍旧遗命将自己葬在文武二王的墓旁，表示自己永为周朝的臣子，而不敢与周室王朝分庭抗礼有二心。所以，他的子孙们为君者连续五代都返葬于周墓之旁。是以，这段话是在称赞姜太公知道自家的一切都来自于周室的王业而不忘根本之仁，引申为礼乐制度的创设也都来自王业，不可离忘这一根本。

"狐死正首丘"一句，则饱含着朴素的乡土古典爱国主义情愫——国家者，国先于家，国为家之根本。也有称"家国河山""保家卫国"者，国虽由家为细胞而组成，但国事永远重于家事。尽管江河都由滴水汇聚而成，但滴水一旦离开江河，便马上消亡。道理就是如此简单。

狐狸死了，头都要向着洞穴所在的山丘；鹦鹉飞过旧栖的森林，见火灾而含水赴救；歌德则说：住惯了的地方无异于天堂。身为中国人者，身在何方自有选择的自由，身在哪里并不重要，重要的是对生养他的这片土地有一份赤子之心即可，怎可离家便骂娘呢？有道是"狗不嫌家贫，儿不嫌母丑"啊！更何况楚囚尚南冠，胡马嘶北风，狐死必首丘，叶落归根、人亡返本自是千古之义，现代人怎可乐而骂蜀、数典忘祖呢？须知你手持绿卡红卡也仍是中国人啊！

二十九、君子称终小人称死，
死不可免自当努力于生

子张病，召申祥而语曰："君子曰终，小人曰死，吾今日其庶几乎？"

——《檀弓上第三》

这段话的意思是："孔子学生子张病危，把自己的儿子申祥叫到近前说：'君子死亡称之为终，小人的死亡就叫作死，我如今差不多可以称终了吧？'"

子张本姓颛孙，而子名申祥，古注称此二字为周秦之地对颛孙二字的地方发音。《礼记正义》释君子与小人之亡故的不同在于：事情了结了称"终"，君子之死，身虽终了，但有功名事业在；小人身死了就死了，没有什么可以留存于世的。而子张对其子所说话的意思，则是希望他能依礼办好丧事，让自己从生到死善始善终地成为君子。

君子也罢，小人也罢，"终"和"死"合在一起，便是终归死了，这是所有人都一样的结局。虽然死不可免，但死与死确实大不一样，是以司马迁有"泰山鸿毛"之论。但人与人死有不同，则在于其如何生。**既然死之不可免，我们愈应去努力为生。既然百年之期无以与约，我们就把每一天都当一生好了。**

三十、孔子临终自挽悲歌；
人生不为君子也当成正人

孔子蚤作，负手曳杖，消摇于门，歌曰：

泰山其颓乎？

梁木其坏乎？

哲人其萎乎？

既歌而入，当户而坐。……盖寝疾七日而没。

——《檀弓上第三》

本段的意思是："孔子早起，一手负于背，一手挂拖着手杖，慢慢地在门前散步，并吟咏道：'泰山将要崩塌了吗？屋上的梁木将要毁坏了吗？智慧的哲人将要死去了吗？'吟罢这首短歌后便回到了屋中对门而坐。……自此始大概卧病七天便去世了。"

孔子所吟唱的这首短歌，十分悲怆凄凉。人之将死似有一种预感，这首歌似乎是夫子的一首自挽之歌。

子贡听到这歌声后，很是悲伤地说："泰山塌了，我还仰望什么呢？梁毁屋坍，哲师萎谢，我将安居师从于何处呢？"便急忙来到孔子处。孔子说："子贡啊，你怎么这么晚才来啊？我昨夜做了一个梦，梦到自己坐在大堂东西的两个门柱之间被人祭奠。那个地方是至尊者所居的位置，现在天下还没有明君圣主的兴起，谁会如此重我为宗师呢？殷朝人的习俗是把死人的棺木停放在两柱之间，我是殷族的后人，难道我要死了吗？"从此孔子卧病不起，七天后便去世了。

孔子的一生很伟大，也很苍凉。一生的被褐怀玉，明珠暗投。虽满腹经纶一腔兼济天下之素志，而无一展襟抱之平台。怀抱天下，八方游走，一生颠沛而不被见用，自悲如悬瓜弃井。晚年无奈，退而治学，大成于修齐治平之经，礼乐诗文之典。但也只能活在后世之中。传教化，育天下至如今，可谓怀抱天下而一统天下之大者，也是求仁得仁吧！且一统之君主不过几十年，而夫子之一统则数千年。

悲耶？伟耶？也许二者永远是不可分割的一体造化吧！人一生游弋于得失行藏之间，二者很难说孰轻孰重，得为时用便去兼济天下，失于当途也不去天下之怀，便是大君子了。没谁能成为孔圣人，成其君子之身的也不多，但总该不为君子也为正人才好。

三十一、"礼有余"莫若
"哀有余""敬有余"

子路曰:"吾闻诸夫子:丧礼,与其哀不足而礼有余也,不若礼不足而哀有余;祭礼,与其敬不足而礼有余也,不若礼不足而敬有余也。"

——《檀弓上第三》

这段话的意思是:孔子的弟子子路说:"我听我的老师说过:举行丧礼,与其悲痛哀伤的氛围不够而礼仪程式有余,还不如礼少一点而哀伤的气氛多一点;举行祭告仪式,与其诚敬不足而形式有余,还不如礼简单一点而诚敬足够的好。"

孔子的思想切中时礼之弊,重本质、实质而轻形式。而人性之弊则在于重形式而轻实质。什么是本质？一定要搞清，要抓住，凡事都不应离本忽质才有实效。

子路，名仲由，孔子弟子中十分可爱的一位，对孔子敢于直言不讳，孔子也对他的指责最多，主要针对他的尚勇好斗。但终于赢得了孔子对他给以极高的评价赞许。

后来他被卫国聘任为高官。效命于在争位内乱中被拥立的卫出公。王室的另一位公子蒯聩出逃后，又归国作乱夺位。子路勇敢地率兵与蒯军作战。他的盔缨在作战中被流箭射断了，他认为头缨断这是一种不合礼制的事，便下马去拾断缨，却被叛军乱刀齐下，把他剁成了肉酱。

孔子听说后就把自家的肉酱全部扔掉，从此不再食用肉酱，而且亲自哭祭子路，接待来吊唁者，足见师徒之情重。

三十二、君子知耻："人不要脸，鬼都害怕"

君子曰："谋人之军师，败则死亡；谋人之邦邑，危则亡之。"

——《檀弓上第三》

这段话的意思是：君子有言："替人主谋划军事，指挥作战，打了败仗就要自觉去以死赎过雪耻；替人谋划治理国家，没有成效或发生危难，就该主动引咎去职让贤。"

此君子所言，于今思之似未尽然。为人治军谋政者，怎可丢下烂摊子一死了之、一走了之？自应忍死而图恢复。更何况胜败乃兵家常事，若打了败仗就死，世上便没有那么多名将了；谋政治否，并不全在谋者，而在断者在君主。但此说亦见古人之耻烈观。替人指挥战事，吃了败仗，是一种耻辱；为人谋政而不治，是一种无能，更是一种耻辱。是以前者以死烈洗耻，后者以罪己饮辱。

如鲁庄公之二车夫虽为冤死，但总胜似逃兵；引咎去职者也总胜似委过于人、弑君叛主者。**耻辱感，是人之大节所在，一个人、一个国家、一个民族若连耻辱感都不存在，那还有什么希望呢？**

"知耻近乎勇"，何止？唯知耻，才有守德、守仁、守义、守廉、守节，才有致胜、治政。早年电视剧上说"女人不要脸，鬼都害怕"，那么男人、官人要是不要脸，肯定连神都没辙了，这个国家也就完了。知耻实为人之大节、国之大端。

三十三、君子不强求事功；不及尚可补，过之无以挽

子思曰："吾何慎哉！吾闻之，有其礼，无其财，君子弗行也；有其财，无其时，君子弗行也。吾何慎哉！"

——《檀弓上第三》

这是身为孔子之孙的子思在卫国丧母后，就如何治丧回答柳若的一段话。子思丧父后，母改嫁于卫国。丧母后，卫国人柳若对他说："您是圣门之后，如何依礼治丧，大家都在看着，应该慎行才是。"于是，子思便讲了上面这段话。

这段话的意思是："我有什么需要谨慎的呢？我听说，有一些礼规、礼仪在没有财力的情况下，君子是不去做的；即使有足够的财力，但不合时宜的事，君子也不会去做的。如此，我还有什么可谨慎的啊？"

君子依礼而行，天经地义，不守礼者岂可为君子之人？但任何礼的实行，都要考虑到两个基本原则：其一，要考虑到礼的本质与自己的实行能力，丧礼情尽其哀便是礼，孝礼心尽其孝便是孝，而不在于财物的丰盈与场面的铺张炫耀。各种礼都有其质的规定，这才是礼的根本规范，而不在条文、程仪、形式如何。是以古人言：**百善孝为先，原心不原迹，原迹家贫无孝子**。其二，即使有能力，但是否合时宜也要考虑周全。财力再大，也不可越礼而行。

凡事不可勉强而为，不可违时宜而为。世间所有规定的存在，无非为一个"好"字。这是所有规定的本质、目的。而为达此目的，必守二端：其一，不足以执行规定时，面对现实有所改变，求其本质之实现；其二，足以执行规定时，亦不可有所逾越。

所谓礼节，便是礼必有所节制方为礼，无节无制必致逾礼、毁礼、无礼，是谓过犹不及而足以败之。中国历来的大患要么就是搞过头了，要么就是搞形式。

许多事宁可"不及"，而不可"过"之。不及尚有可补，过之则成事不足，败事有余而不可挽。煮饭欠点火尚可以吃，火大烧焦了便要报废。铲地铲浅了，可以再铲一次；耕深了伤根，苗便死掉了。

三十四、君子临丧念始节哀顺变；
大孝在生前而不在身后

丧礼，哀戚之至也。节哀顺变也，君子念始之者也。

——《檀弓下第四》

这段话的意思是："临父母之丧，是最哀痛的，是不可与其他等同的。但为什么还要讲节哀顺变呢？君子之人应该考虑到，最初父母生养自己时，并不是为了让自己因悲哀而有害于身体的啊！"

临父母之丧，何人不悲不痛？而无悲无戚则无以称丧礼。但悲痛太重则有损于身体，尤其是三日不食，长跪不起，号哭泣血，直到人扶才能行走，这些旧礼俗就更直接伤害到人的身体，这本身就有违于身体发肤受之父母而不可损伤的大孝之礼。人子要保护自己身体不受损伤，是儒家孝礼的要求。是以君子临丧务要节哀；要顺变则是对自然法则的尊重，生老病死非人力能挽，你不顺又能怎样？更何况为人子者临丧，第一要义是要冷静下来，一件件把丧葬事宜梳理清楚，把丧事办好，而非自己尽哀示痛之时，有道是长歌当哭，是必在痛定之后。唐太宗去世时，青年唐高宗李治抱着褚遂良的脖子痛哭不已，他的舅舅长孙无忌申斥他此非痛哭之时，而何况平民百姓呢？

孝顺父母，人之大伦，不可不重。但重在何处呢？重在生前，死后的事你做得再好，于父母本人又有何可亲领实受？虽自不可无心草草，但最重要的是生前的领受。**为人子者当日日反思：是否对父母不够敬顺，是否惹父母不高兴，是否让父母担忧，是否为父母分劳，是否给父母增羞丢脸，是否让父母衣食冷暖舒适。而最根本的两条便是：①身心健康成人；②事业有成。**这是天下父母之心所同所愿之大端。

人言"久病无孝子"，为人儿女者在父母生前所责无旁贷的最后一笔义务，就是侍病送终。若稍有倦怠之心当三思父母养育之辛苦与劬劳一生之不易，这也是父母一生中最后得享亲子之情的一笔回报。而人子是否做到尽孝，也在这最后一笔，而不在老人去世后如何。

三十五、子路伤贫之叹；论孝原心
不原迹，家贫以菽水之欢为孝

子路曰："伤哉，贫也！生无以为养，死无以为礼也。"

孔子曰："啜菽，饮水，尽其欢，斯之为孝。敛手、足、形，还葬而无椁，称其财，斯之为礼。"

——《檀弓下第四》

这段话的意思是：子路对孔子说："贫穷是一件令人很悲伤的事。父母生前无以养父母以绣衣锦食，死后又不能举行很像样的葬礼。"

孔子对此讲道："父母生前，即使一日三餐只能煮豆谷而食，喝着凉水，但为人子者只要以自己的一份孝心让父母欢心，就可以称为尽孝了；父母去世后，能够让父母手足身体不暴露而入土，虽然有棺而无椁，只要与自家的财力相称，

这就可以称之为尽礼了。"

　　古人有云："百善孝为先，原心不原迹，原迹家贫无孝子；万恶淫为首，论迹不论心，论心世上少完人。"论孝以心不在行，论淫以行不以心，古论如此。贫者自无须因贫而伤养之不富，悲葬之不丰；但为人子者无论如何，自当努力，不辞劳苦，务让父母生前有一个足可颐养天年的好日子，而葬礼自可从简，让父母得以正敛入土为安就好，无须比拼他人。

三十六、"人道政为大"：千夫殒命又何如一人善政

仲尼曰："能执干戈以卫社稷，虽欲勿殇也，不亦可乎。"

——《檀弓下第四》

齐鲁两国在鲁国的郎地交战，鲁公之叔名叫眒人的见到逃难入城的人，叹息道："国家役民过疲，税赋过重，而一有战事发生，那些君子大夫们怎能不为民相谋保全，那些士子们怎可以不为国而死于战事呢？我既然讲了这话，怎么可以只说别人呢？"于是便同邻家一位叫汪锜的少年，一起拿起武器上了前线，在战斗中双双战死。可是在战后祭奠阵亡将士时，却有人认为汪锜还未成年，不能享祭国殇，就去请教孔子。于是孔子便回答了上面这段话。

这段话的意思是："能拿起武器为保卫江山社稷而死命，还分什么成年、少年？我们就把他当做成年人来祭奠，不也可以吗？"

鲁公之叔很可能为老年，汪锜为少年，老少均可死国难，而那些坐享高官厚禄的大夫公卿们，满口清谈仁义道德的士人学子们都在干什么呢？这似乎当是《礼记》收此篇的本意吧？

国家兴亡，自当匹夫有责。而千夫殒命何如一人善政？是以孔子言鲁哀公称："人道政为大，政者，正也。"

三十七、当途当念"苛政猛于虎"

孔子过泰山侧，有妇人哭于墓者而哀。

夫子式而听之，使子路问之曰："子之哭也，一似重有忧者？"而曰："然。昔者吾舅（公爹）死于虎，吾夫又死焉，今吾子又死焉。"

夫子曰："何为不去也？"曰："无苛政。"

夫子曰："小子识之，苛政猛于虎也！"

——《檀弓下第四》

凡是读过中学的人，对此篇都当耳熟能详、倒背如流了，是以不赘笔释译。凡他日有当途为官者，务以民生为要，此为官者根本至礼。

"忧海水少，不可以泪益之"。小恩小惠，怎可荫庇一方？亲民作秀，徒授人以讥锋笑柄。执政者自当以能普济众生之大政为要，更勿为小家子气之举，苛民于针头削铁、燕口夺泥、瘦马拔毛。

"吃不穷，喝不穷，算计不到受大穷"，治家如此，治大国如烹小鲜。暴者治民贱民，贪者苛民剥民，惟德者爱民育民于先，智者安民抚民，能者富民，方为美政、善政、良政之基。

人谓有血气之物，且为灵长中的灵长，生而当有恻隐之心，这是孟子之论，而后人亦称"恻隐之心，人皆有之"。当涂执政者更当有仁人之怀抱，亲民之衷肠。诚然，为君难，为臣不易，但"君臣"而又何一日有子民之所难？为官一任不求彪炳青史，也自当造福一方；无造福之能回天之力，也不可以欺民、夺民、祸民。

三十八、处墓墟庙堂之间人自悲敬

对曰："墟墓之间，未施哀于民而民哀；社稷宗庙之中，未施敬于民而民敬。"

——《檀弓下第四》

这是鲁国一个叫周丰的名士回答鲁哀公使者所问如何取信于民的答词中的一句话。

鲁哀公想执礼去见周丰问政。周丰连忙婉言谢绝说"不敢当"。于是鲁哀公便不勉强于他，而是派了一位使臣向他请教道："舜帝时并未施信于民，为什么老百姓都信服呢？夏禹也没有施敬于民，为什么百姓敬重他呢？怎样做才能像虞舜、夏禹二位君主那样得到百姓的爱戴呢？

于是，周丰讲了上面那段话，意思是说："当人处于故国废墟与先人墓地之间时，你不用教其悲哀，人也自然悲哀；当人立于祭坛庙主之前，你不用教他礼敬，人也自然便都肃穆礼敬。"

之后他又接着讲道："商朝作了消灭夏朝的誓词后，而自身不行仁政，百姓便开始叛而不敬；周朝举行诸侯会盟后，而君主不行诚信，百姓便对其疑而不信。如果没有礼义忠信诚心以临百姓，虽然执政者强要结好民众，民众也会与他离心离德。"

为政之要，在得民心。民心的征服仅靠武力与德化是远不够的。而最要紧的还是大众所需最简单生存条件的保障与提高。舍此则不堪为政。这是政治诸要素中最坚硬的硬件，软了便要塌台。

三十九、"嗟来"大鉴：好心为什么没好报

曾子闻之曰："微欤！其嗟也可去，其谢也可食。"

——《檀弓下第四》

曾子所言，是在感叹"嗟来之食"的悲剧。

齐国大饥荒中民无所食，有一个家有余粮名叫黔敖的人很有善心，便在路边设下食摊，等着路过的饥民来食用。不久，有一个饿得两眼昏花的饥民以袖遮面，两腿无力像是连鞋都拖不动的样子，一步步无精打采地走过来。于是，黔敖便左手奉食，右手提水，对饥者很怜悯地说："喂，来吃吧！"但他的语气却让饥者感到很不舒服，于是饥者怒目而视地对他说："我虽然很饿，却从来不吃这种倨傲恩赐式的'嗟，来'之食，才饿成这个样子。"之后便一步步地离他而去。黔敖忙赶上前向他道歉赔礼，但饥者终不肯食而饿死。

曾子对此，讲了上面的一番话。这段话的意思是：曾子听说此事后为饥者叹息道："太小器了啊！他说'喂'时，你可以不食而去；他向你道歉了，你就可以吃了啊？"

这个黔敖在说"嗟，来"时，很有一点施惠于人而有德色的失礼之态；当他承认错误马上道歉之时，便是君子之行。而你道歉了，我也不买账，这就有点过了。怎么能拿自己的性命开玩笑呢？更何况对一个如此善良的人怎能如此计较小节呢？

对于施者而言须知：有尊严的人即使在落难遭灾时，也不可干犯，所以你在助人时，既不可以自居，也不可以让人感到你在怜悯他。这就是日常生活中，经常会有好人难做，好心没好报的事发生。人行事待人只有好心不行，必须考虑到他人的接受心理。这才是知礼之所在。在视频上曾见到一位路人去救掉在冰窟窿里的一只落水狗，反被咬；农夫与蛇的故事虽是寓言，而现实中并不罕见。施者、援助者当深鉴之。

对于受者而言须知：人的尊严是不可失却的，但在挽回尊严时，仍不饶人，仍不肯回车求命，那就是既不厚道，也不值得。那就不是在维护自己的尊严了，而是在任性使气，拿自己的利害在赌气，是谓"逞心纵恣"，是自己在难为自己。

在这里当为千古蒙冤的黔敖平反：此人不过一介布衣平民而有济人之心，不当赞美吗？虽有失敬之语，但其行不远胜于那些囤积居奇见死不救大发国难财的富商大贾们吗？

对于不饮盗泉之水、不吃嗟来之食者流，不可以赞之为什么志士、廉者，不过世之狂狷之徒。而足可以为人所鉴者却是：发善心做好事的人，务须慎言慎行。否则一定会适得其反。

四十、美轮美奂：君子善谏，智者善解

晋献文子成室，晋大夫发焉。

张老曰："美哉轮焉！美哉奂焉！歌于斯，哭于斯，聚国族于斯。"

文子曰："武也得歌于斯，哭于斯，聚国族于斯，是全要领以从先大夫于九京也。"北面再拜稽首。

君子谓之善颂、善祷。

——《檀弓下第四》

这段话的意思是："晋公往贺当途执政的晋卿赵武的住宅竣工落成典礼时，许多士大夫都随从来祝贺并致颂辞。

"一位张姓老大夫的颂辞是：'真美啊，轮囷高大的新宅；真美啊，文采焕发的宫室！在此处足以奏乐歌祭祖先，足以在这里举行丧礼哀哭，也可以在这里与国宾宗族家人聚会燕饮'。

"晋文子赵武答辞说:'我赵武得以在此歌、哭、聚宴,这就是说我赵武可以免于刑戮,全身善终地到我家的祖坟九原,去追随我祖先去了。'说完又向张老所在的北方礼拜而谢。

"君子之人称二人一个善于讽颂,一个善于答辞。"

《礼记》为什么说"君子谓之善颂、善祷"呢?张老的本意是想劝谏身为赵卿的赵武太奢侈了,也够用了,够规模了,可不要再兴土木了。但来祝贺的,怎能直言相谏呢?而是极力以规模够高大,造作够豪华之"二美"为贺,如此说法谁人都听得出深藏不露的画外音,而谁也挑不出他失礼于人之处。赵武则移花接木,把张老的讽谏引称为一种祥兆,说张老贺他可以生于此,死于此,祭祖于此,就足以证明他会一生平安,不会受到惩罚杀头灭族了。也回答了至死他不会再扩建宅第了。说完了,又向张老方向礼拜致谢,可谓善解人意,善明己意,而不失宾主之礼。

晋献:晋公贺,献为贺义;发,随从往贺。

文子:晋国的国卿赵武,去世后加谥为文,因而先秦典籍中既称其为晋文子,也单称为文子。

张老:张姓耆老,六十至七十岁的人可称为耆老。

全要领:要通腰,领为颈,古代杀人或腰斩或砍头。"全要领"就是不会被腰斩砍头,得以全身善终义。

九京：古代称高地、土堆为京，赵氏的坟茔地在九原地方，加之晋朝高官的坟地都在那里，因称之为九京。

先大夫：赵氏自赵襄子随晋文公流亡归国而为晋卿，赵氏历代都是晋大夫，故赵武称先大夫以指代祖先。

北面：面向宾客所在的方向。

再拜稽首：再次拜谢。古礼拱身俯首揖拜为稽首；号哭拜丧为稽颡。

四十一、仪表端庄，君王礼敬；
##　　衣貌不整，守门人拒报

君子言之曰："尽饰之道，斯其行者远矣！"

——《檀弓下第四》

这句话的意思是：君子之人讲道："人在会客赴礼前，当尽力整理好衣饰仪容的道理，一定会流行得很远啊！"

《礼记》称：鲁国大夫名门望族的季孙之母去世，鲁哀公亲往吊唁。曾子与子贡也在此时去吊唁。守门人见他们仪容不雅，便不让他们入内，不肯为他们向主人通报。曾子与子贡连忙去马房中整理衣饰仪容后，仪表端庄服饰整洁地再次来到门前时，门人才肯为他们通报。于是曾子入内时，侍者们为其避让于路侧；走到屋檐下时，大夫们起立为其让位；入室，鲁公则亲降阶迎请。君子之人见此情景后便说了前面那段话。

俗语云："远敬衣服近敬财"，其实财大气粗仪容不整，也不会受人敬重。衣着整洁，仪表端庄，不但是对他人的一种尊重，同时也会让人敬重。尤其是会客、参加各种礼仪、在公众场合出头露面，一定要十分讲究仪表修饰，服饰得体。撒切尔参加竞选与出席各种活动，专门聘请了最有名的化妆师为助，还要面对镜子不断整理。曾子吊唁至门，仪表不整，连守门人都不为之通报。足见仪表服饰洁整的"礼敬效应"。

四十二、"大义灭亲"未必可得主子欣赏

夫子曰："丘闻之：'亲者毋失其为亲也，故者毋失其为故也。'"

——《檀弓下第四》

孔子有个老朋友名叫原壤。其母丧，孔子亲去吊唁，却见他毫不悲痛地蹲在棺木的外椁上唱一首荒淫不经的小调。孔子就当没看见也没听见地走了过去。随从的门人便劝孔子与这种无礼不孝的人绝交，孔子便讲了上面这段话。

这段话的意思是："我听人们说：'既然是亲人，就不要弄得失去亲人的情分；既然是老朋友，就不要断绝旧有的友谊'。"

圣人之道自有左右逢源的道理。亲人的关系你就是宣布断绝父子关系，但能改变父子的事实吗？故人旧友，善恶都

是故旧。且一亲二故，这是所有人际中最亲近的两种关系。所以世有"亲亲故故""非亲非故"之语流传。

清者自清、浊者自浊。亲故自有善与不善、恶与不恶之别，但善恶都是亲故，这都是先在的关系。你只要从善不从恶，和而不同流是了。亲故之间善恶太过分明，有时反招物议，并不见得就是好事。有些事是要考虑到他人会怎么看的问题。诚然，因亲故而徇私、偏袒、姑息、合污、助纣为虐，则另当别论，自不可取。

似孔子这般圣人，对原壤这位如此荒诞不经的旧友都不嫌不弃，与当今那些势利之人自不可同日而语。而许多所谓的"大义灭亲"者，无非一为沽名钓誉，二为极端自私地牺牲亲人以保自己平安。大唐武则天朝此类人比比皆是：一位权贵子弟犯法，武则天责其归家由父处理，其父则令其另一子候于家门，待其兄入门便一剑刺死，并抛尸街头。一位朝官的小舅子也在朝居官，受武氏迫害，此人便撞破了头，上书要求处死他的小舅子，并用纱布缠在头上，每天上朝时在纱帽下留出一圈儿有血迹的纱布，以示自己忠于武朝。人性何其无情残忍至此？无非一个私字怎生了得？那是一个灭绝人性的时代。在安危生死的鬼门关前，所有人的真本性暴露无遗。

其实，那些"大义灭亲"者不但受人白眼腹诽，就是主子也未必就欣赏。这种人太可怕了，为了自己连骨肉相残都在所不惜，而何况他人？怎么能巴望他忠于主子，谁敢用他啊？就是武则天那般残忍嗜杀者，也终未重用那两个大"义"灭亲者，反为那个面对酷吏却以剖腹自杀来证明太子无罪的仆人安金藏所感动；此人被后代唐帝一直从工匠提拔到"国家副部级干部"，嘉其忠义，用他放心。而历史上那些内举不避亲，外举不避仇的臣子，个个得人青睐、主子信用。做人总归要有一个"正"字，要有几分胆色、豪气才行。

四十三、"天网"：人生无以
逃脱的三个"裁判所"

文子曰："见利不顾其君，其仁不足称也。我则随武子乎！利其君，不忘其身；谋其身，不遗其友。"

所举于晋国管库之士七十有余家，生不交利，死不属其子焉。

——《檀弓下第四》

文子：晋卿赵文子赵武；武子：晋国与赵氏、栾氏齐名的望族晋大夫士会，谥号为武子。不遗其友：不弃友人。所举：推荐任用。管库之士：管理官门、府库的下级官吏。

前段话的意思是："晋卿赵文子与贤大夫叔向评论晋文公时代的舅氏狐突子犯时讲道：'这个人见利忘君，不足以称为仁。我还是愿意追随先大夫士会。这个人处事利于君而不忘自身，为自身而谋时不忘其友。'"

后段话是讲："赵文子生前先后给各部门举荐任用的管理府库财物官门锁铜的官吏不下七十余家。但此人生前不改利与人交结，死时不为子孙向晋公有所请，也不向他施恩之人有所托。"

这段话是赵文子与叔向在晋国贵族公墓九原视察时对话中一段。文子问叔向："如果这些去世的先人能活过来，我们追随哪一位呢？"叔向答道："是阳处父吗？"文子说："这个人在晋执政独断专行而不得善终，怎能追随他呢？"叔向又说："那就追随文公舅氏子犯吧！"于是文子便讲了前面那段话。显然文子的主张是忠君而不忘计身、为自身计而不弃友；而其所行则是：生不与人以利交，死不为私而请于君主，不向施恩之人以托子。

人性如水，那个时代又有多少如赵文子之人呢？且仍负豪宅之讥。人心不古，而今又哪里去找赵文子所言之人呢？古今圣贤君子之人又有多少呢？但为人处世总当有令人可取之处，一生活在他人白眼鄙视切齿腹诽之中，君子观之自是一件很难受的事；而对于那行自私无耻者来说，则无所谓，照样大吃大嚼我行我素。

人生于世，即使人言固不可畏，他人自可不顾，似须知一旦到了千夫所指、万人所唾的地步，天自有报。造物忌盈不唯指恶贯满盈，就是私贯满盈，也自会身遭剥夺之报。人自不可迷信什么天道，但须知人生面临三个"裁判所"：自我良知的审判、社会道德的审判、国家法纪"裁判所"的审判。什么是"天网恢恢，疏而不漏"？这个天网就是这三个"裁判所"织就。

四十四、嫁女三夜不熄烛，娶妇三日不常乐；人生就是一场悲喜交加的旅程

孔子曰："嫁女之家，三夜不熄烛，思相离也。娶妇之家，三日不举乐，思嗣亲也。"

——《曾子问第七》

这段话的意思是：孔子说："嫁女的人家为什么在女儿出嫁前一连三个夜晚不熄灭烛火呢？是珍惜女儿在家的时光，三天后便要骨肉分离了；娶妇的人家为什么在婚礼后连续三日不举行奏乐呢？是表示为人子者不乐于将取代双亲的位置，不乐见父母将走向衰老。"

嫁女、娶妇固为喜庆之事，亦是父母之大愿所遂。女子

成婚始有自己的家，男人娶妇始有室，各有所归所居，其喜一也；娶妻生子，家族得以人丁兴旺，其喜二也；子女成家立室，夫妻互助自立，父母从此不再受养育之累，不再忧其所归，其喜三也。喜庆之余自有其悲不自胜而无以言说，是以父母儿女多有相向而泣两泪交流之痛，又有如"五味子"齐上心头。是以人之大婚即临，有一时喜庆之仪，又有三夜不熄、三日不乐之礼。

人这一生，也许就是这样一个悲喜交加的过程吧。悲与喜是高耸于我们生之途上的两座大山，我们不过是一条溪流，也只能在这两山的中间流过。而悲喜都是我们一路领略的风光景色，二者都是不可或缺的。是以无论喜临悲至，我们都须面对。"既来之，则安之"，以平常心待之，而无须"不自胜"。

四十五、知事人之道然后能使人；
子产论未能操刀而使割

仲尼曰："昔者周公摄政，践阼（zuò）而治，抗世子法于伯禽，所以善成王也。闻知曰：'为人臣者，杀其身有益于君，则有之。'况于其身以善其君乎？周公优为之。"

是故知为人子，然后可以为人父；知为人臣，然后可以为人君；知事人，然后能使人。

——《文王世子第八》

践阼：即位称帝，阼：帝位。伯禽：周公长子。世子：太子。成王：周成王，武王之幼子，武王去世，成王无法即位，由其叔父周公抱着即位，周公称摄政王代行天子执政。抗世子法于伯禽：周公即位为摄政王，让自己的长子伯禽与年幼的太子一起长大，用要求太子的标准来教育伯禽，让他了解君臣、父子、长幼的关系。成王有了过失，周公便去鞭打惩罚伯禽，告诉成王做太子应该怎么做。抗：举、用义。

这段话的意思是：孔子说："从前周公为摄政王，即位代替年幼的成王治理天下，用约束太子的礼法来要求自己的儿子伯禽的言行，以此来让年幼的成王知道应该怎样做。我听前人说'为人臣子，为了有益君主不惜杀身以谏'，何况只是以自身为鉴来使自己的君主向善为仁呢？在这方面周公是做得很优秀的。"

"因此说，只有知道为人子之礼，然后才可以为人父；只有知道了人臣之礼，然后才可以为人君主；只有知道了如何服事别人的道理，才可以去领导指使他人。"

俗言："不当家不知柴米贵，不养儿不知父母恩。"要想做好老子，必先做好儿子；**要想让他人服从自己，自己必先学会服从他人**。道理很简单：只有经历过的才知其所以然，所以在做出任何决定时，才会设身处地、如身亲临，知道效果会如何，才会得人心而无失误。

郑大夫子皮是推让子产执政的老臣，他想推荐青年尹何做一个乡级（邑）的小官。子产说："他太年轻了，不知能否胜任。"子皮说："我很喜爱他，让他到任上慢慢就学会怎么做了。"子产听他这么一说，便知道此人不懂行政，马上对子皮说：**"吾子爱人则以政，犹未能操刀而使割也，其伤实多。"**子产此论与《礼记》所讲先知后为的"三知三然后"何其相似？人还是先知后行循序渐进的为好。

四十六、礼：承天道，治人情，失之者死，得之者生

孔子曰："夫礼，先王以承天之道，以治人之情。故失之者死，得之者生。"

——《礼运第九》

这是孔子以宾长身份在鲁国参加一次腊祭——每年十二月合祭众神的祭礼。在这次祭礼的乡饮酒仪式结束后，与他的学生子游登上门楼游观时，与子游有一次对话，感叹夏、商、周三代"大道之行，天下为公，人不为己"的天下"大同"时代的结束，而今天下变成了君王的天下，变成了天下人各为其家、其亲、其子的"小康"社会。在这种制度下以礼治国的君主如禹、汤、文、武、成王、周公，能够谨于礼、著其义、考其信、美其德、罚其过，便能保有天下；否则，便会被百姓废掉。子游问道："如今天下就这么急于礼治

吗?"于是，孔子便讲了上面这段话。

　　这段话的意思是：孔子说："礼是先王们秉承天道，用以治理人的情欲，征服民心的。是以治国失于礼的必身灭国亡，得于礼的便可以生存下来。"

　　一个"礼"字有这么重要吗？看看历代开国君主得天下兴宗嗣、亡国之君失天下而绝后祀的史实就知道了。

四十七、礼之"四治"：人情人义人利人患

何谓人情？喜、怒、哀、乐、惧、爱、憎，七者弗学而能。

何谓人义？父慈、子孝、兄良、弟悌、夫义、妇听、长惠、幼顺、君仁、臣忠，十者为之人义。

讲信修睦，谓之人利。争夺相杀，谓之人患。

故圣人所以治人七情，修十义，讲信修睦，尚辞让，去争夺，舍礼何以治之？

——《礼运第九》

这段话的意思是讲礼的作用在于治人，治什么呢？四个方面：人之七情、人之十义、人之所利、人之所患。原文四句话的意思分别是：

"所谓'人情'，便是人在十个这方面的伦理关系：①父慈：父亲对子女要慈爱；②子孝：子女对双亲要孝敬；③兄良：做哥哥的要对弟弟友爱；④弟悌：做兄弟的要对哥哥礼敬；⑤夫义：做丈夫的要对妻子和气仁义；⑥妇听：妻子对丈夫对婆母要柔顺；⑦长惠：年长者要照顾年幼的；⑧幼顺：年龄小的对长者要恭敬听从；⑨君仁：为人主者对臣下要施仁布恩；⑩臣忠：为人臣下的要忠诚尽心尽力。这十个方面的义理便是中国传统"五伦"关系的雏形：父子关系、兄弟关系、夫妇关系、长幼关系、君臣关系。"

　　"所谓'人利'，便是有利于人；只有信睦二字才有利于人。'讲信修睦'——人际要讲求信用，不能尔诈我虞，互相信任而不生猜忌之心，才会有互相和睦友好。无论家庭、邻里都应如此，才有利于人，有利于己，有利社会和谐。"

　　"所谓'人患'，便是有害于人的祸患。'争夺相杀，谓人之患'——人际、邻里、国家之间的互相攻夺仇杀，都起因于相疑而'争利''不让'，因此必然互为生祸存患，所以只有讲究诚信，修好睦邻，你尊我让，修养'十义'，节制'七情'，才能免除祸患。而要达此目的则必然讲一个'礼'字才有可能。"

四十八、"爱死患生"：人类 生存境界的至高点

故礼达而分定。故人皆爱其死而患其生。

——《礼运第九》

────────── ✦ ──────────

这段话的意思是："所以君臣之礼让大家都知道而上尊下卑也已确定。所以人们自然会在君主有难时去以相救死难为荣，以苟活而为耻。"

礼达：君臣之礼义廉耻的道理让人都知道。

分定：君为主臣为从；上为治者，下为受治者的名分地位确定而稳固。

爱其死而患其生：此爱非常爱、情爱，而是指人知道忠君爱国的道理，知道了身名荣辱的所在后，在国难生死关

头，人们便宁愿去死；以死为荣而令名显，以偷生为耻辱，就会以死去赴国难救君危。

此之"礼"为诱人以名利的不义之礼，不足为尚。但千古以来皆无不依此治人、治下、治国又为什么呢？它符合人的功名利禄之心。而人的可贵之处恰恰在于有一种"为了生存而舍弃生存"的勇烈气。人们一旦认识到有比生命更值得重视的，他们是可以为之舍弃生命的。《刑场上的婚礼》中的两位先烈就是这种精神的典型代表。笔者的《第七崇拜》一书专论人类中的悲剧英雄们只在甘愿做地上的美与庄严的死烈情结。而大家都知道的《高卢战士》，就是"为了生存而舍弃生存"精神最好的注脚：我战败了，但我不会屈服；我可以接受死亡，但我不会接受苟活的屈辱。所以他挽起了重伤的战友，把利剑插入自己的胸膛。洁白的大理石雕之没有血光飞溅，却让人看到了一种夺人心神、摄人魂魄的万丈血色光焰。

四十九、人性之最：饮食男女"两大欲"，死亡贫苦"两大恶"

饮食、男女，人之大欲存焉；死亡、贫苦，人之大恶存焉。故恶、欲者，心之大端也。

人藏其心，不可测度也。美恶皆在其心，不见其色。欲一以穷之，舍礼何以哉？

——《礼运第九》

这段话的意思是："食欲与性欲，是人的所有欲望中最强烈的两种大欲望；死亡与贫苦，是人诸多不乐不愿中的两种大不愿。所以说，这两个所欲、所厌者是人心所系的大端。"

"人心，又是一个深藏其内，不可直观也不可丈称斗量的。一个人尽管无论美丑善恶都在他的心里，你却看不见它是什么样的。想要让人把各种心态都尽归善美，除了统一以礼来制约，还能有什么办法呢？"

《礼记正义》疏"人藏其心，不可测度"为："言人深心厚貌，内外乖违，包藏欲、恶之心，既无形体，不可测度而知。"可谓一言而尽人心之莫测。用现代语言讲就是说，每一个人都是一个"灰箱"，你无法看见这个箱子里装的都是什么货色，这就是"美恶皆在其心，不见其色。"更何况人又是一种十分善伪装、假包藏的动物，脸上表现出来和心内所想的是不会一致的；他所说的和他真正所愿的，想要的，想要作的，是大不一样的。

人是什么？是一种为两大欲、两大恶所支配，又最善于伪装包藏心口不一，言行与心中所想所愿相违的动物。在古今中外哲人给人所下的所有定义中，《礼记》给人所下的这种定义，堪称是最精彩贴切的。

五十、阎浮提世界的"魔兽"：
人欲与兽性结合的杂种

饮食男女，人之大欲存焉。

——《礼运第九》

这句话的意思是："人对吃喝餐饮之欲与男女之间的性欲，是人的诸多欲望中最为强大的欲望，是作为一种本能而存在的。"

孔子有"食色者，性也"之论，也就是说：饮食男女之事，是人类生存繁衍所必须的本能天性。既如此便是无可厚非之事。马克思主义的经典作家们也认为，衣食住行是一切历史活动得以进行的第一个前提。这也是人人皆知的最浅显的生活常识。可是几千年来，历代先贤们为何总是在饮食、男女二事上，不断推出那么多礼的规定，德的约束呢？问题在于人类在进化中于"性本善"衍生，或者说是从动物性基因中遗传下来了两种天性：

其一，野兽对食物缺乏所造成的恐惧，培养出了一种对食物的贪婪本性，吃饱了也要占有其他残余，为了度过食物短缺季节，又学会了聚敛储藏的本事。其二，兽群胜者为王，王者垄断所有交配权，而且王者乐此不疲到了不顾生死的地步，配种季节弄得它无力迁徙，留在原地等死也不肯出让一个雌性与他兽，而且是所有亲眷雌性不放过一个。但动物的本能到此而已，人类便不同了。人在原初时节，也仍是一种野兽。所以无论进化到哪个世代，他们的骨血中会永远保存着一种兽性。而人类又进化发展为一种具有思维能力的生物，总想抬高自我的地位，与那些野兽畜群区别开来。正由于这两点，使人变成了一种"天使+魔鬼"的嘴脸。

野兽对猎物食物的贪婪渴求遗传下来了，野兽中的雄性对雌性的独占欲遗传下来了。而且人类又经历了一段群居乱交的历史发展阶段，所以在饮食男女这方面有些兽性的表现，一点都不足为奇称怪。所以西方学者称：**把文化提高到与野兽的距离拉得太远，是一件很危险的事。**而中国的孟子也说："人之所以异于禽兽者几希"。"几希"是什么意思呢？就是很少。但这些都不可怕，这是历史的必然。可怕的是人类这个以思维为特征的物种的思维，具有极端式的两歧性：既产生出最好的东西，也生产最坏的产品——他们不但要吃要喝，而且还要吃喝出许多花样来；他们不仅要行男女之事传宗接代，而且还要男女出许多花样来。把遗传下来的兽性与人类思维能力所生产出来的坏产品结合起来，那可就太可怕了。

　　想一想：野兽如果具有了人类的那些坏想法，这世界该会是一个什么样的世界景观？而人类所遗传下来的兽性基因再加上一副花花肠子，那人类社会中又会出现什么样的人文景观呢？这就是人类进化中表现出来的贪婪、无耻。又正是这两个狗男女"生子不像贤"地生出来了奢侈与荒淫这两支不肖的子孙。是以现在流行着一种不尽科学的戏言：动物只有饿了的时候才会去吃，在渴了的时候才去喝。而人与动物不同的是不管是否饥渴，都要吃喝，而且绝非限于解决饥、渴的问题；禽兽一年只有在发情期交配一次，而人与禽兽不同的是随时随地都可以交配，而且何止于正常的性交。这种说法的错误在于一以概之，这种人不过只是人类中的一类，是人的思维力、卑劣的欲望与禽兽本能基因遗传杂交后产生的新品种，他虽然仍以人的表象混迹生命所寄居的这个俗世的阎浮提世界，却已异变为一个远超越人与禽兽的本能与理智之外的"魔兽"物种。而人与禽兽所不同处，一个真正的人无论饮食、男女，都是有节制的。饮食以解决饥渴，不违于文明为限；男女之事有节制，限于夫妻人伦之范。

人类并不因有失范者而悲观，尽管这个世界上有骡子这样一个物种的存在，但驴和马并未因此而灭种，也没有把自己变成骡子。而且骡子也没有生育能力。何况人本是一种具有良知与理智两个保护系统的大类呢？

五十一、生命对主人最起码的两个诉求

死亡、贫苦，人之大恶所存焉。

——《礼运第九》

大恶：大不愿。恶：厌憎。

这句话的意思是："死亡与贫苦，是人生中的两个大不愿。"

人在一生中会有许多希望所愿，也有许多不愿。但在所有的不愿中，最大的有两个：一个是不愿进入死亡；一个是不愿生存于贫穷困苦之中。前者是无法改变的，你愿与不愿都是一种无法逃脱的必然，所以只能面对。一百八十万年来，全人类都这样走过来，根本就没什么恶否愿否的余地，更重要的是过好每一天，何苦提前预支那份悲伤呢？

贫苦既非人之所愿，也非生命本质的所需。人不是为了贫苦而来到这个世界上的，恰恰相反，**我们都是为了解决贫苦来到这个世界上的。**有大能力者去解决人类中的贫苦；次者去解决你所际遇人群的贫苦；最低的底线，也应有解决一家人贫苦，让自己摆脱贫苦的能力。这是一条生命来到这个世界上，对它的主人最起码的要求。人总该对得起自己的生命而不可不择手段。这也是做为一个人而言最起码的责任吧。

不可以让生命一生处于贫苦之中，不可以为了贫富穷达而不择手段——这似乎是人生两条最基本的底线吧，也是一条真正有价值的生命对拥有它的那位主人最基本的两个诉求。

五十二、人是天地阴阳五行秀气所生之大物

故人者，其天地之德，阴阳之交，鬼神之会，五行之秀气也。

故人者，天地之心也，五行之端也，食味、别声、被色而生者也。

故圣人作则，必以天地为本，以阴阳为端，以四时为柄，以日星为纪，月以为量，鬼神以为徒，五行以为质，礼义以为器，人情以为田，四灵以为畜。

——《礼运第九》

这三段话的意思分别是：

"人所以成其为人，是秉天地好生大美大德，日月阴阳交合，鬼神会其魂魄灵妙，聚金木水火土五行之秀气优质而生。"

"所以，人居于天地之间，对于天地而言，有如人之有心，动静都与天地相应，是金木水火土五行所生万物之首，兼备五行的味、声、色而生之灵物，是以口能品其味，耳能辨其声，目能识其色。"

"所以，圣人治国理民所制作的各种礼法制度条文，务以天地之德为本而政通人和；以合于阴阳协调为发端致天下和谐；以适于四时变化为权衡之柄以利事功；以日星布列之序为纲纪而致君臣有序朝纲不乱；以月亮的圆缺之象来因人而宜量才情长短而用使其各得其所；以鬼神为助、事各有守而无所失；以五行周而复始相克相生之律为本质致美政循环不穷；以礼仪为器具以考量人德而成事功；以人情民心为田地，君为地主耕而可获政无所荒；以四灵为生物之长则鸟兽虫鱼备至而得饮食无忧也。"

《礼记正义》所疏：天地之德：天地有覆载好生之德，有大美而不言。

阴阳之交：地坤为阴，天乾为阳；女为阴，男为阳；母为阴，父为阳；月为阴，日为阳。人得阴阳二气相交方有所生。人之所生而贵者，得天地日月父母之精华。鬼神之会：人死为鬼，鬼盛为人之形体；神为天之精灵，神盛而为人之灵气。形体灵气相合方有人生。

五行之秀气：金木水火土为五行，美好优异特出为秀。人感五行之秀气则有仁义礼智信。

天地之心：人居于天地之间，有如人人五腑六脏之有心。喻人与天地相通，故有人与天地并立为三之说。五行之端：人的仁义礼智信发端于金木水火土五行之物。也有注称为人是最先使用五行的，端字做首字解。

食味：五行之物各有其味，人五味并食之。

别声：五行之物各有其声，而人对五音各有别用且合成音乐。

被色：五行之物各有其色，而人则兼具五色而生。五行有三个最显著的特征便是有味、有声、有色，而人则能以口觉之，以耳辨之，以目识之，故而人称五行所生之万物之灵长。

四灵：龙、凤、龟、麟。龙为水族之王，凤为飞禽之王，龟为甲族之王，麟为走兽之王。

四灵为畜：如果这四灵出现于世，则说明圣王有道，天下大治。如果人能像畜养家畜那样使四灵应人，那么天下万物便会从四灵而应人，人便无饮食之忧了。

五十三、礼成于宾主辞让礼敬；敬"县官"而不可忽"现管"

是故君子之于礼也，非作而致其情也，此有由始也。是故七介以相见也，不然则已悫（què）。三辞三让而至，不然则已蹙（cù）。

故鲁人将有事于上帝，必先有事于頖（pàn）宫；晋人将有事于河，必先有事于恶池；齐人将有事于泰山，必先有事于配林。

——《礼器第十》

这段话的意思是："君子待人于礼，不在于虚伪做作，而是从发自内心的诚敬开始的。所以，诸侯相见之礼是要有七位大臣陪同的，否则就过于轻率，显得对客人不重视。主人迎客要到大门外，每过一门，主人要礼让客人先入，客人辞让后，主人才能走在前面引路，过三门便要互相辞让三次才可以，否则就会显得不够从容礼敬。"

"所以，鲁国将祭祀天帝时，必先到学宫中祭告江山土地农神后稷；晋国要祭祀黄河神时，必先祭告当地名叫呼池河的小河；齐国要去祭祀泰山时，必先祭告于近处配林的山林神。"

上段是讲宾主之礼，主人以礼让在先，宾者以辞让在后，方为有尊有让，以成宾主之礼。主人不知让为失礼，客人不知辞同样为失礼。是以待客之道，宾主都当知各自所应礼让，所应辞让于何处。主人会公客之时，必有相应对等的人员陪同，以示礼敬重视。

下段是讲祭祀之礼，似有尊远不忘敬近，敬上不忘礼下之意。如若敬了天神而得罪了土地，莫若不敬；敬了大河，惹怒了小河，反成近灾。所谓"祭告"自有沟通、请示之敬意所在。

人际关系亦须有礼有让；上下级关系也须兼顾。凡事一路抢先而大言不惭，当仁不让，理直气壮，那还能处好同事关系吗？敬了天神，惹怒了家神灶王爷，那还有好日子过吗？

七介：指七个陪臣。如一介武夫就指一个披甲的武士。

悫：本义诚实，此处的"已悫"指有失诚心。戚：本义指紧迫，此处指不从容，不礼让则无以示谦敬。辞让：主让而宾辞谢不敢先。"三辞三让"：指诸侯相见于宫中要过三道门，是以有三辞让。有事：有祭祀之事。頖宫：学宫，诸侯国的大学之所在。恶池：山西并州的一条小河名呼池。配林：《正义》只注为"林名"，一座山林的名称。

五十四、婚礼：夫妻为"天地合""万世之始"，男女当有亲有敬

天地合，而后万物兴焉。夫婚礼，万世之始也。

——《郊特牲第十一》

这句话的意思是："天地阴阳之气交合，才有世间万物生发起兴。人间男女婚礼所成，乃是子孙万代之始。"

《礼记》接着又讲道：婚配之礼，男子必娶妻于异姓以区别血脉不同，而不可娶同族之女，即使娶非本支本族同姓之女，也必须占卜测问是否有血缘关系。

所赠与女方的财物以示自己诚心也要求女方守信而不可悔婚，而且不要说礼不够厚的一类客套话，以示正直诚实有

信。信义，是事人之道，也是妇事夫之德。一旦有了婚约之仪而终身不改，夫死也不再嫁。

男子亲自迎亲回来时要先入家门，以合天先于地、君先于臣、妇顺于夫之义。男子迎亲时要送礼物与女方，女方不备还礼，以示夫妇相敬而男女又有所区别。男女无别则与禽兽无异。

男子迎亲要亲为女方驾车，并要把拉着登车的牵绳直接交到女子手中，以示亲敬爱护，"亲之也者，亲之也"——对妻子有亲，妻子也会对自己有所亲。有所敬——"敬而亲之，先王之所以得天下也"。夫妻之间相得而不失于心，自当以亲敬为要。敬而不亲则拘而疏，亲而不敬则必生亵渎。

男子迎亲离开女家时要先出门，女行于后，以示男率女、妇从夫之义。"妇人，从人者也：幼从父兄，嫁从夫，夫死从子。"是谓古代女子的"三从"之义。"夫也者，夫也。夫也者，以知率人者也。"——女称男为夫，是因为他高大，对女人而言比天还要高出一头，是以称之为丈夫；丈夫则当是以智慧统御他人的。而女子是没有爵位、座次的单独规定，都随夫而定。

婚礼之前是要斋戒祭祖的，然后才可以迎娶新娘，所以当以礼敬鬼神的态度对待婚礼。而且古代婚礼上是不奏乐的。因为婚礼预示着父母代将老去衰谢。

古代婚礼的习俗源于男尊女卑的历史地位，也由此而巩固强化了女卑男尊的地位。但对于夫妇当诚信亲敬的理念，于今仍有所益。夫妻无诚必无信可守，无信必生猜忌，必无所亲爱，无所礼敬，而终必离异。夫妻若相敬如宾，那就没有了夫妻的亲近；若亲近过了，必疏于礼敬，而近于亵渎，必把婚姻弄得一塌糊涂。婚姻总归为人生之大事大礼，必得以诚信亲敬交相养护才得美满长久。而当下所忌早非男尊女卑，而多有同床异梦、男贱女泼者。于礼仪之邦文明古国之京华所言，亦常中夜闻男女叫骂号哭于院中；办公楼对面宾馆中，亦时有夫妻大白日叫骂声闻遐迩，唯恐他人不知。如此夫妻，如此不知羞耻，而何礼何敬有存？而又有何体何统于言？

古人有言："当面教子，背后教妻"，"家丑不可外扬"。现代人夫妻之间一旦有隙则唯恐天下不知。古今凡在人之列者，自当先知"礼敬"二字；路人亦知有所尊让，而何况夫妻称"万世之始"者？

五十五、古人丈夫何以为丈夫；
如今男人何以多"伪娘"

夫也者，夫也。夫也者，以知帅人者也。

故妇人无爵，从夫之爵，坐以夫之齿。

——《郊特牲第十一》

夫：丈夫。知：通智。帅：通率。爵：官位职级。齿：年龄。

这两段话前一句的意思是："妇称夫为夫，因他是男人，夫就是丈夫。丈夫的信义便是以智慧御人走在前面的人。"

后一句的意思是："因为妇人是没有爵位的，所以她的官方等级是随丈夫的爵位而随高就低的；民间相会的座次是以年龄论尊卑的，妇人也是随丈夫的年龄为序而定座位的。"

丈夫之称谓的由来：丈夫有三种含义：其一，凡男性均称丈夫；其二，成年男子均称为丈夫；其三，妇人称自己男人为丈夫。那么"丈夫"一词又来源于何处呢？

最早似见于《谷梁传》之"男子二十而冠，冠而列丈夫。"这是指成年男子；《国语》称"生丈夫，二壶酒，一犬；生女子，二壶酒，一豚。"这是指生男生女的贺礼，也是在人谦称自己的儿子为"犬子"、女儿为"豚女"的由来吧。这里的丈夫只是代表男女性别的说法。《礼记》中的"夫也者，夫也"，则指妇人之配偶为丈夫。

那么，男人为什么要称丈夫呢？因其身高近丈，古制以十尺为一丈。那时的男人真有那么高吗？非也。《说文·夫部》解释丈夫一词谓："周制以八寸为尺，十尺为丈，人长八尺，故做丈夫。"考古实测秦时的一丈，与现代人的身高相差无几。

而大丈夫，则专指那些有血性、敢担当、有作为的男子汉。"汉子"是对好男人的民间尊称。对妇人而言，也指丈夫，如"嫁汉"。

对男人地位的尊崇自有男尊女卑的封建礼教传统而然，但我们必须有一点唯物才好。男人的身体结构、身高、体力、心理均较女性为强，现代生理学、心理学均有数据测定，**不要讲什么男尊女卑，也不要把什么都批为大男子主义。如果处处讲时代不同了，男女都一样，那就是对女性最大的不公。**中国的一些女权先锋主义者叫嚷什么女权的，恰恰都是些歪曲者。有一种女人怎么想当女权先锋、想当女强人，那是女人的事，但男人不可以此而放弃自己所应担当的。

天行健，地势坤，生为男女都当自强不息、厚德载物。仅此而已，男女之别是无以否定的，否则，公民户籍上便无需设性别一栏。但也仅此而已，区其别而无关尊卑高低。是非是人力能颠倒的，但怎么叫嚷，乾坤是无以颠倒的。男子被称为男子汉，自当有一种敢担当、敢作为的汉气；被称为"大丈夫"，则自当有大气，能为人所倚所仗；被称为"夫子"，自当有所学问，有能率人的智慧；被称为"君"，就该有君子之风度而不效小人之行；被称为"良人"，就该有良善之心肠，优异之事功；被称为"官人"，就当礼敬有助于人；被称为"老爷"、"先生"，便自当为人表率以启后人。就是为了这些美称，男人也不该去凌虐、无视女性。即使夫妻是两棵树，男人也当站在遮风挡雨的方位上。尽管此说也会被称为大男子主义。走自己的路是了。别忘了自己是男人。

当妻子把你称为"我爱人""我男人""我先生"时，务思是否当得起，务思自己是否有亲有爱于妻；为妻子担当起了什么；是否礼敬于妻。"我爱人""我男人""我先生"，世间还有什么比这些称呼还动人的吗？这是一种资格，仔细思量着，自己是否有此资格，是否有愧有负于这些称谓。

恺撒舍死而不惜，要打造自己所要的罗马；阿基米德肩不能担担子，却构想着撬动地球；爱默生则说男子汉的本分是要迸发太阳……中国的老百姓则讲男人要有男人的汉气；

曹大家讲男人当有一种虎气。现在的男人有什么气呢？只能让人叹气。生而为男子，千万别辜了天之所赋，负了父母之所赐。

五十六、人兽之别在礼义，尊卑之别不在男女

男女有别，然后父子亲；父子亲，然后义生；义生，然后礼作；礼作，然后万物安。

无别无义，禽兽之道也。

——《郊特牲第十一》

这段话的意思是："夫妇之间有亲有敬，但当有主从尊卑之别，然后才有父子人伦之亲；有父子人伦之亲，然后才有君臣之义所生；有君臣之义所在，才依此而制作礼规；有了礼制，然后才有天下万物有序安定。"

"为人既无尊卑之别又无礼义所规，那不是人伦之道，而是禽兽之行。"

《礼记》所言之男女有别，事涉父子君臣之义，无非讲尊卑有序。问题没那么重要，对女人也大所不公。但天下无序则乱，这是定理，然天下治乱何关男尊女卑？但人无礼敬之心，也自与禽兽无异，也自滥于禽兽之行。

《礼记》所言男女有别，事涉禽兽之道，无非讲人之婚配有人伦不可干犯，而禽兽婚配则全无长幼亲子之伦理可循。此事亦与男尊女卑无关，但人之乱伦亦自与禽兽无异。

尊卑之事自无关男女，有德者自尊，如众星捧月；无德、缺德、败德者自卑，人所不齿。贵为帝王者概莫能外，而何况平常之男女？人生斯世，最大的礼，最高的尊都只在一个德字。本立道生，人还是以修身立德为要。做好你自己，无论尊卑都无须怨天、无须尤人。即使古代如此男尊女卑，不也照样有花木兰流芳百世、秦桧遗臭万年吗？

五十七、百日之腊，一日之泽；
张而不弛，文武不能

子贡观于腊。孔子曰："赐也，乐乎？"对曰"一国之人皆若狂，赐未知其乐也。"子曰："百日之腊，一日之泽，非尔所知也。"

张而不弛，文、武弗能也；弛而不张，文、武弗为也。一张一弛，文、武之道也。

——《杂记下第二十一》

这段话上句的意思是：子贡随孔子观看腊祭的各种表演活动与乡饮酒礼。观看结束后，孔子问道："子贡啊，高兴吗？"子贡答道："所有的人都像是疯了，我不知道有什么可乐的。"孔子说："这就不是你所能理解的了。百姓们劳苦奔波了一年，才有这么一个月的休闲娱乐时间，这是在享用天子的恩泽啊！"

下句的意思是："总是紧张地忙碌辛劳而不放松一下，就是周文王、周武王也不能够；总是懒洋洋地松弛懒怠着紧张不起来，周文王、周武王是不会那样做的。在紧张的劳碌中，适当有节奏的放松一下，这才是文、武二王的方法。"

腊祭：古代每年十二月这一个月的时间农闲，乡人们都忙着四处打猎，用猎物献祭所有神灵，这是一年到头对诸神的总祭祀。所以十分热闹。

古文猎与腊通，久而久之人们就把十二月称为腊月。又因为冬季所获猎物都是冻僵的，坚硬如蜡，所以这个月份也称腊月。

那么子贡为什么说全国的人都如同疯狂一样呢？因为在这个月份中的祭祀活动很多：田猎献祭，载歌载舞的驱鬼活动，还要举行乡饮酒礼，乡射礼等等，几乎是全民性的活动。子贡这次观腊可能是与孔子参加乡饮酒礼，看到所有人都喝得醉薰薰的样子，所以才如此说。

"百日之腊，一日之泽"：按《礼记正义》所疏，百日与一日都是概数。百日指一整年，而非腊祭有一百天那么长；一日可能指乡饮酒这一天，也指腊月这一个月的休闲祭祀宴乐活动。那么为什么称"泽"而不说"欢"呢？因为乡饮酒礼、射礼等活动都是官方统一规定并组织的，所以视为天子恩泽于众。

那么孔子为什么说子贡"非尔所知"呢？因为老百姓的苦乐只有自己知道，子贡不劳农事，不是活动的参与者，只是一个观者，自然难于理解乡民的苦乐。而且这些活动不只是祭祀和娱乐、饮宴，而是国家利用冬季农闲，组织这些活动对乡民进行礼制教化，尤其是乡饮酒礼与射礼有许多礼上的规定，处处体现尊老敬贤、长幼有序、互相礼敬谦让而不争的礼节。

一张一弛，文武之道：文王、武王的治国之道是有张有弛。如果总是紧张而不放松一下就会张极而废，就像弓拉得太满还要继续拉就一定会弓折弦断，如果总是懒懒怠怠而不紧张起来，同样会废事荒业怠政。这两个极端都不合适，所以文、武二王采取张弛有致的办法来治国使民，所以才有天下大治。而有张有弛，则成为了领导方法艺术的名言，其实也仍是很有不同的。

任何工作都应有一个节奏感，音乐若无节奏便不成曲子，那叫乱弹琴。但仅有张有弛还不够，须张弛有致才是艺术。什么时候"张"，什么时候"弛"，这很重要。尤其是你在"张"什么。党政领导机关如果成天忙着造文件，那下边就遭殃了。

五十八、女子的成年礼：加笄与取字

女虽未许嫁，年二十而笄（jī），礼之。妇人执其礼。燕则鬈（quán）首。

——《杂记第二十一》

这段话的意思是："女子没有嫁人，就可以等到二十岁时，再给她行加笄的女子成年礼，把她当成年人看待。加笄礼的仪式要由妇人主持，由女宾把她的头发梳理起来并为她加笄。平时安居则可以不加笄而把头发分两边梳理。"

加笄礼：笄就是簪子、钗一类的饰物，插在发髻上以固挽而美饰。古代礼法女孩到了十五岁就可以嫁人，在嫁人前则要加笄行女子成年礼，所以"笄"字也可以代表女子成年义，可以出嫁了。十五岁以后还没嫁人的，则可以等到二十岁再加笄行成年礼。鬟首：女子随便分梳着的发型。

女子成年礼的主要形式是盘头，也叫"上头"，就是把散梳的头发挽成髻，用簪子插固。同时也和男子一样要取表字。男子是"已冠而字之，成人之道也"，女子也同样是已笄而字之。有了表字的称谓，才算是进入成人列。古人在成年前只有名，成年礼时才取字。如"蔡琰"是其名，"蔡文姬"是其字。关羽关云长，即是名"羽"字"云长"。名是尊长者对下直呼而用的；平辈交际则称字而不呼名，所以至今直呼其名有不敬之义，是以常不称姓而示亲敬。由于古女子的成年礼加表字多是与婚礼同时或相近举行，所以又以"未字"代未嫁、未成年，以"待字阁中"代指尚未婚配。

古代女子的成年礼是一个女人一生中头等重要的大事，这不仅标志着从少年时代进入了成人社会，享有成人的权利、责任和义务，也预示着她将离开母家嫁为人妻。旧社会的女孩一生最好的时光便是嫁前这段时间，可自由自在尽享父母家人天伦之乐；嫁人之后便为人妇，尽孝敬姑舅、相夫课子之劳，不胜其苦，且有如麻之礼教的摧折；直到"多少年大道熬成河，多少年媳妇熬成婆"，或儿子有出息母以子贵，才算有个出头之日。今日的女子真当珍惜生于一个好时代。

五十九、人子之孝的"三纲领"
与"后三十年看子敬父"

曾子曰："孝有三：大孝尊亲，其次弗辱，其下能养。"

——《祭义二十四》

这段话的意思是：曾子说："子女孝奉双亲有三个层次：最高的层次是让自己的父母因自己的德行而受到世人的尊敬；第二个层次，就是不要因自己不好的言行而有辱父母；第三个层次，才是赡养父母，让双亲无衣食之忧。"

这是人子孝道的三个纲领：

①"大孝尊亲"：最大的孝是父母因自己而得到尊重。那么为人子者怎样以自己的行为让父母受到邻里、亲故、乡党更加尊重呢？父母最为得意的是他人夸奖自己的孩子好；

而乡里因子女对其父母敬重有加的事无非三件：其一，子女仁义；其二，子女学业拔萃；其三，子女事业有成。

有道是"前三十年看父敬子，后三十年看子敬父"，意思就是人在三十岁以前年轻时是否受到他人的尊重，在于其父母的所为与地位，敬其父母必重其儿女；人在六十岁以后年老时，世人便以其子女是否有出息来敬重他的父母了。为人子者千万不要以为自己的事自己背着，"我的地盘我做主"。为人子者事事关乎父母，不可不慎，不可不努力。少年时，人前人后，对父母必须恭敬有加，对他人必须有礼有敬，人人见父母便会说：你有福啊，有个好儿子、好女儿。父母会多高兴呢？青年时求学就读，必得勤学苦读、出类拔萃。你的成绩优异，能升大学，人人见你父母都会说"你的儿子有出息"，"教子有方"啊！父母的脸上多有光彩啊！成年了，有自己的事业、身份、地位，人人都会对你的父母青眼相看，礼敬有加，这就是"后三十年看子敬父"的道理所在。

为人子者为父母增光的三件事：修身立德礼敬于人，仁义处事，做人有成；勤学苦读，锲而不舍，学业有成；职场敬业，努力拼搏，出乎其类，拔乎其萃，事业有成。这便是为人子者对父母的大孝了。三件大事，未必人人能及，但做人这一条则是人人当自有所能的，能做一个好人，他人也会对父母多一份尊敬。

②"其次弗辱"：第二等的孝，是不因自己使父母增羞受辱。常言道：为人儿女不能为父母增光添彩，也不能为父母招辱增羞。人子对父母不敬，自为他人见笑；子女在外面胡作非为，父母自然无面目见人；子女在外面与人争吵，必为父母招及辱骂；子女在外面与人斗狠，无论伤人伤己，父母非但没有脸面，更增一份忧痛。"可怜天下父母心"，为人子女者真当慎自为之，常思一己之身非我有，一枝一叶总关情的是父母心。如此而言似人生只为父母，其实大不然，凡事皆有果报，处处事事以父母为念者，自有所成。

③"其下能养"：最低的孝是能够养老。那么为什么把赡养父母列在三孝的最后？这是人伦、法定的双重义务，也是做人为子的双重底线。虽然，但亦不可忽略。最底层的往往是最基本的，不可或缺的，须放在第一位的。为人子者堪对父母养育之恩的，至少要有孝养。所谓"孝养"，必须是养而敬之，衣食无忧而不假以颜色，方为"孝养"；仅丰衣足食，则为"能养"而已。

六十、曾子论人子敬身与"五不孝"

曾子曰："身也者，父母之遗体也，行父母之遗体，敢不敬乎？居处不庄，非孝也；事君不忠，非孝也；莅官不敬，非孝也；朋友不信，非孝也；战阵无庸，非孝也。五者不遂，灾及于亲，敢不敬乎？"

——《祭义第二十四》

这段话的意思是：曾子回答他的学生公明仪问孝时讲道："身体，是父母遗赠给我们的，我们以父母所赠的身体去行事，怎敢不敬慎其身呢？为人子者如果居家不庄重，生活不检点，就是不孝；事奉君主而对之不忠于君主国家，就不是孝；在外莅临官位而不敬事崇业，就不是孝；对待朋友不守诚信，就不是孝；临阵不敢勇往直前，便不是孝。这五个方面做不到，灾难就会危及父母双亲。我们怎敢不敬身慎行呢？"

人的身体受之于父母，不敬己身便是对父母的不敬。而对父母不敬，便是大不孝。更何况为人子者一事不慎，都会株连父母受害有损，怎可不敬己身，不慎言行呢？人如果能时时处处事事如与父母同在，也自然会有所敬慎，而无所失了。对现代而言，这都是天方夜谭，对牛弹琴。但理想的境界总不该忘却，道理总会为人示以应该以赴的方向。而如何行则在弱水三千各取一瓢饮了。取什么因，便有什么果，毫厘不爽。

六十一、君子之孝有"三难"：
敬、安、终

"君子之所谓孝也者，国人称愿然，曰：'幸哉，有子如此！'所谓孝也已。众之本教曰孝，其行曰养。养可能也，敬为难；敬可能也，安为难；安可能也，卒为难。父母既没，慎行其身，不遗父母恶名，可谓能终矣！"

——《祭义第二十四》

这段话仍是曾子与弟子公明仪论孝对话中的一段。曾子说：为人子如果只给父母饭吃，甚至亲尝而后奉，这也不是孝，不过是赡养而已。接着又讲了上面这段话，意思是："君子所说的孝，应该是大家都称道说：'有福气啊，能有这样的好儿女！'这才称之是孝。教化众人的根本就是孝，而人们认为所谓孝行就是赡养。其实赡养父母并不难能，而难的是如何孝敬父母；尊敬父母也不难能，难的是如何让父母心安欢乐；让父母安乐也是可能的，难能的是终生为孝。那么怎样做才可以称为孝而'能终'呢？父母去世后，如果能够谨慎于自身的言行所为，而不牵连父母蒙受不好的名声，就可称是孝而'能终'了！"

人子之孝最难的是一敬二顺，是以有"孝敬"、"孝顺"二词的出现。对父母笑语温言而不假以颜色，可称为孝敬；不拂父母之意，不违伤父母之心，不令父母为难、难为，自可称孝顺，是以世人称"顺者为孝"。

那么"敬"难于何处呢？儿女皆知父母是最爱自己的，所以难免有放纵而无所拘束之时，不拘于礼，便自有不敬之时。其实父母是最关注、在乎儿女颜色的。儿女面沉似水，忧心忡忡，无所言语，父母便自有心重如铅之感。人一天都有三不顺，常常会乐不起来，但无论心情如何，务须在父母面前色温语和，即使把不快说出，让父母分担，也胜似闷葫芦一个、债主脸一张那样会让父母心情很不好。

"顺"又难于何处呢？亲子之间，人自有主张，更何况都有代际差异，各方面的观念都有所不同。但要耐心说服父母，征得父母同意便为"顺"，而不是什么都要按父母的意志去办。亲子之间需要耐心，需要沟通，好话也要好说，不能和父母使性子、耍脾气，更不可粗言恶语相加及至申斥，"三娘教子"的时代虽已过去，但"子教之娘"也仍似有不妥，老人最怕儿女无视，必伤其心。父母不对，也要温言相劝；父母无行，也自是父母，不可决裂。"老的不正，搬过来垫腔"，那是乡村泼妇的话，现代人总该对父母多一份尊敬，不伤父母之心。当然这也不是说对不法的父母可以同流合污、助纣为虐。

是以，**曾子有言："父母爱之，嘉而不忘；父母恶之，惧而无怨；父母有过，谏而不逆"**。也就是说父母爱你的好处不可忘怀于心；父母不喜欢你，不能有怨言，应反思自己何处不招人喜欢；父母有过错，要好言相劝，而不能恶言相向，成为逆子。

六十二、孝分"力、劳、广"，仁及鸟兽草木为大孝

　　曾子曰："树木以时伐焉，禽兽以时杀焉。夫子曰：'断一树，杀一兽，不以其时，非孝也。'孝有三：小孝用力，中孝用劳，大孝不匮。思慈爱忘劳，可谓用力矣；尊仁安义，可谓用劳矣；博施备物，可谓不匮矣。"

　　　　　　　　　　　　　　　　——《祭义第二十四》

　　这段话仍是曾子与弟子公明仪论孝的对话。

　　曾子说："砍伐树木与捕猎鸟兽都是要在合适的季节进行的。孔子就曾讲过：'伐一树，杀一兽，不合于季节，是有违孝道的。'孝有三种方式、等级：以力为孝者为小孝，以劳为孝者为中孝，以广施仁心为孝者是大孝。为了孝敬父母想着父母之爱而不辞劳苦以报的，可称为力孝；为了让父母受尊重而建功立业，为了让父母心安而行仁义者，可称为劳孝；

把自己的孝心广而推之施于万物，让处处都不缺少孝的施为，便可称为'不匮'之大孝了。"

孝与伐木、狩猎有什么关系呢？孝在本质上是一种仁爱，或者说孝生于仁爱之心。仁爱又有大小之分：施于亲者为小，施于天下者为大。是以有大仁、大德、大爱之称谓。而大爱之心者，必爱及天下，所以才能称为大爱，而大爱者必能仁及草木、爱及鸟兽、敬惜万物。是以大爱者方可称之大孝。

花草树木鸟兽虫鱼，是人类的"饮食父母"，马克思与费尔巴哈都谈道：人类正赖有动植物才成其为人类。正因为如此，全人类各民族在古代都产生过以动植物为祖先、神灵的图腾崇拜，成为人类的原始宗教。曾子自无此等现代理性，但中国古人的泽被鸟兽、仁及草木，并以此为大孝的思想，实在是很了不起，是一种十分开阔而毫不狭隘的"世界观"、"人类观"。而且这种思想并非仅仅是尘封在哲人书斋里的思想，而是转化为历朝历代的法令与百姓的习俗：捕猎禽兽要在秋冬进行，避开它们的生殖哺育期，不能斩尽杀绝，要网开一面；大规模捕鱼要在冬季进行，不许用细密的"绝后网"，网眼要有小鱼漏网的空间；猎雁不许猎头雁，不猎宿鸟。砍伐树木割草必须待熟，在一个生命周期结束后的秋冬季进行，免伤根系破坏后续。而且还有许多封山养兽育林的

146

诸多规定。而孔子、曾子把这些行为纳入孝行的范畴实在难能可贵，今人则远不及也。

六十三、曾子论"归全之孝"

乐正子春曰:"吾闻诸曾子,曾子闻诸夫子曰:'天之所生,地之所养,无人为大。父母全而生之,子全而归之,可谓孝矣。不亏其体,不辱其身,可谓全矣。故君子顷(跬)步而弗敢忘孝也。'今予忘孝之道,予是以有忧色也。……一举足而不敢忘父母,是故道而不径,舟而不游,不敢以先父母之遗体行殆。一出言而不敢忘父母,是故恶言不出于口,忿言不反于身;不辱其身,不羞其亲,可谓孝矣。"

——《祭义第二十四》

曾子的学生乐正子春不慎在室内弄伤了脚,几个月不出门,且面有忧色。他的弟子说:"先生的脚伤已好,为什么还如此呢?"乐正子春答道:"你问得好啊!"接着讲了上面这段话。

这段话的意思是说："我听曾子讲过他听孔子所说的话：'人是天生地养的，还有什么比人还称大的了。一个人的身体是由父母完整所生，所以为人子者在死去时也应完整无损地归还父母，才可以称得上是孝。不损坏父母所给的身体，不使自己身体受刑罚所辱，便可称为全归了。所以，君子行半步而不敢忘这种全归之孝才是。'可现在我忘了全归的孝道，我所以才不快乐。……为人子者自应一举足都要慎行而不敢忘父母，所以要走大道而不能去走有危险的小路；过河要乘舟而渡，不可以拿父母所给的身体去历险而有所损伤；每说一句话都要慎思而不敢忘记父母，所以，口不出恶言于人，自不会让人忿而以脏话骂你的父母。不使自身受辱于人，不为父母增羞，可以说是孝了。"

"恶言不出于口，忿言不反于身"：对他人不以恶语伤人，自无恶语反及己身。对他人若以恶言相向，必会受到愤怒的辱人的话反击。

"先父母之遗体"：去世的父母留赠给自己的身体。是以为人子者当爱惜自己的身体如爱父母，要想到辱加于身、伤及于体，便如同有辱先人有伤父母一般无二，有此念在心，自会慎言慎行。

乐正子春之言，句句发人深思。今人所思，无不在怎样最大限度地满足于自己的种种欲望，何曾将珍惜生命当回事？口腹之欲、性滥之欲、玩乐之欲、旅游冒险之欲、以越轨之行而沽名之欲、敛财之欲、滥权之欲、挥霍豪奢之欲、毒赌黑黄之欲……不胜枚举的一个被欲望所支配世界中的人欲横流时代，人何以独善其身？人之为人，又怎可不善其身？

六十四、生当惜缘，"三顺"自为积福之道

福者，备也。备者，百顺之名也。无所不顺者谓之备。言内尽于己，而外顺于道也。

忠臣以事其君，孝子以事其亲，其本一也。上则顺于鬼神，外则顺于君臣，内则以孝于亲，如此之谓备也。

——《祭统第二十五》

这段话的意思是："这个福不是世人所说的五福，而是指无所不顺。无所不顺称之为备。也就是说对自己而言能尽合自己的心意，对外也能尽合人情事理而无违逆。

那么，怎样才能达到内外两合的境界呢？还是要靠孝道。忠臣奉君，孝子事亲的道理从根本上都是一致的，无非一个"顺"字。能做到上顺于鬼神，外顺于君主长者，内孝顺于父母，就可以称为备了。"

其本一也：指奉君与事亲的道理是在根本上一致的。一致在何处呢？一个爱字。不爱其君，而何以能忠？不爱父母，何以尽孝？其实此理何止于君、亲，世间万事万物都须有爱心为抚慰，才有平复，才有各得其所。有了爱心便有顺，万事俱顺便为"备"。而什么都顺还不是人间至福吗？

一个"顺"字是这个世界上万千道理的归一之处，无人乐于处逆，但人性之卑劣在于只图自己顺，而逆拂他人。你总是拂逆他人，自己怎么能顺呢？富兰克林青年时代在教友会中总是与他人"对着干"，结果事事不顺，难堪不已。在大教友的郑重警告与劝说下他改弦更张，开始学会成人之美，顺人之情，马上发现，他的所有提议都被顺利通过。老子说"强梁者不得其死，吾将以为教父"。在这里我们不能不说：逆人者不得其逆，吾将以为教父。那种叛逆之人多是渣滓，那种只知顺从的人自是奴性。顺不是顺从，而是通，通则顺，顺则利，利则有福自至。

人生一世为什么老想逆行于人于事于物于理呢？天地要是逆起来，这世界就毁了；君臣要是逆起来，这个国家就毁了；上下级要是逆起来，这个单位就毁了；父子之间要是逆起来，亲情就毁了；夫妻要是逆起来，这个家就毁了。而且纵观历史，所有的逆道而行者，哪有一个好下场的？是的，一味的逆来顺受，绝非人生的真正要义，而凡事求其顺，这当是所有人心之所愿，但多不知何以得其顺。而最重要的是人顺，来这个世界上一次，终了弄得姥姥不亲舅舅不爱，孙子都不敬你，里外不是人，上下不得意，不是挺悲哀的吗？

人生斯世，当惜四缘：人生天地之间，是谓天地之缘；生于父母之身，是谓骨肉之缘；所接触的外物，是谓物缘；所际遇的各色人等，是谓人缘。缘是一种难得之遇，为人生归宿之基之因，是以必得学会珍惜。而于人生影响最大的则是人缘：没有父母，便无以生；没有他人便无所成无所立。人这一生若能学会珍惜、善待你有幸所遇到的每一个人（骗子坏人除外），自会有所助而有所成。

人生有限，无以尽知，但务须所知的便是珍惜"人缘"。**敬他人便是敬自己，顺他人便是顺自己，成他人便是成自己。你一生所为之成就，除个人努力外，只有他人才是你的颁奖者，如果没有他人，你又何来声名功业呢？**

仔细想想，他人是何人？

我的小女方舟计算过：人生以九十年为限，即使每秒钟见到一个人，终生才能见到二十八亿人，全世界还有那么多人见不到。所以，见到的每一个人都是缘分，是以古人有"一面之缘"的话流传下来。至于能在一起学习、工作、生活的人，都是你一生中的大有缘人，更应该学会珍惜。

六十五、人间三大："人道政为大，爱人礼为大，礼以敬为大"

"人道政为大。"

"政者，正也。君为正，则百姓从政矣。君之所为，百姓之所从也；君所不为，百姓何从？"

"君子兴敬为亲，舍敬是遗亲也。弗爱不亲，弗敬不正。爱与敬，其政之本欤！"

"立上下之敬。物耻足以振之，国耻足以兴之。"

——《哀公问第二十七》

这是鲁哀公问政于孔子时，孔子的几句答辞。各句的意思如下：

孔子陪坐鲁哀公，哀公问孔子："敢问人道谁为大？"孔子板起面孔愀然作色地答道："治理人的道法以政为大"。

哀公又问道："什么是政呢？"

孔子答道："政者就是正的意思。国君持身正、行正道，百姓就服从国家的政令了。国君怎样做，百姓就怎样随从；国君不率先去做出样子，百姓知道怎么去随从啊？"

哀公又问："君主应该怎样去行政呢？"

孔子答道：人道政为大；古之为政，以施爱于人为大；施爱于人，礼为大；治礼，以敬为大；敬之至大者，以君主婚礼为大。因为国君婚礼亲迎其妻，示天下以夫妻亲爱相敬。国君如此做出榜样，所以：

"天下君子自然无不以相敬为亲，无敬便无异于丢掉了亲。而不爱则不亲，不敬则不正。所以说爱与敬，是政之根本。"

哀公听到此处时说道："我想说句话，国君亲自迎亲于礼是否太过重了啊？"

孔子向哀公又讲了一番天地、宗庙、社稷、继嗣的大道理后，又说道：通过君婚亲礼"足以建立上下相敬的亲密关系，上下亲和那么就是国家蒙受耻辱，也可以同仇敌忾，同心协力洗雪耻辱，振兴国家。"

孔子所论"人道政为大";"政者，正也";"爱与敬，其政之本"，足为当途执政之三鉴，应日思执政如何为民、正身、敬人之三事。

六十六、君子成其名即成父母之名

公曰："敢问何谓成亲？"

孔子对曰："君子也者，人之成名也。百姓归之名，谓之'君子之子'，是使其亲为君子也，是为成其亲之名也已。"

——《哀公问第二十七》

这段话的意思是："鲁哀公对孔子说："敢问先生什么是成就父母之名呢？"

孔子答道："君子，就是人的成名。人一旦成名为君子，百姓便会把这名移归其父母，说他是'君子的儿子'。君子之称便是君之子的意思，人一旦成为君子就是成其父母之名了啊！"

成亲：成就父母双亲之名。亲：古语代指父母双亲。归之名：本处指把君子之名归于父母名下。

为人子女者自当慎言慎行，世人无不把人子之行状归之于父母家教，荣辱寸分都直接牵关父母之名。仔细思量着。

六十七、孔子论"天道有四"
与人生成功四道

公曰："敢问君子何贵乎天道也？"

孔子对曰："贵其不已。如日月东西相从而不已也，是天道也；不闭其久，是天道也；无为而物成，是天道也；已成而明，是天道也。"

——《哀公问第二十七》

这段话的意思是：鲁哀公问孔子说："敢问君子之人为什么以天道为重呢？"

孔子回答道："君子所重于天道，在其周流不息。比如日东升而月西沉从不停止也不改变，就是一种天道；覆盖万物而从不关闭天开化育之门，便是一种天道；在无言无为中育成万物，便是一种天道；它所成就的万物的特点各自分明，各行其道，这也是一种天道。"

孔子在这里为鲁哀公讲述了四种天道：其一，恒久地周流不息而不改变；其二，从不停止天开化育之工；其三，化育万物有大美而不言，似无所为而成万物；其四，所成万物各有其性各得其所界线分明而得以共生并存。

　　显然，孔子在这里在劝鲁哀公坚持循天道以明孝道，以仁爱治人，以礼治国。这是孔子与鲁哀公长篇问对所表述的核心思想。是以又曾有"以礼周流，无不遍也"之言。其实孔子所言天道有四也自是人生成功的四道：①恒道：凡事持之以恒才有成功；②韧道：不止不废才有成功；③化道：物成在化在育而不在张扬，事成业就于努力作为；④借道：借助外物而不排斥他人才有成功。是以荀子有言：君子生（性）非异也，善假于物而已；墨子讲兼爱交利；孔子讲天道万物共生而不相害，各行其道而不相悖。以人之微小若无借助共生之道，而何以立于天地之间？

六十八、孔子论"野""给""逆"
三违礼与"藤本人"

子曰："敬而不中礼，谓之野；恭而不中礼，谓之给；勇而不中礼，谓之逆。"

子曰："给夺仁慈。"

——《仲尼燕居第二十八》

不中礼：不合礼节；野：溜须而粗鄙少文；给：巴结逢迎恭维过分；逆：犯上叛乱。

这段话是孔子燕居于家与弟子们谈礼时，回答子贡问礼的一段，意思是："礼的要义在于敬，但敬得超过了常礼，就让人有粗鄙讨厌之感，也有溜须之嫌；恭顺人意超过了礼节之常，就有巴结之嫌；无所畏本是一种美德，但越礼则为犯上作乱，是一种叛逆。"

孔子又说："那种恭而不中礼的巴结，是对慈爱仁义的一种伤害，大不可为。"

所谓"礼节"便是说礼是有所节度的，才称之为礼。一过分便不成其为礼，而且失礼，让客人不舒服，让他人看不起。显然孔子在教他的弟子要执礼有度，不能不及礼，也不可无所节制地过度。所谓"中礼"便是恰到好处，要合适。而孔子似乎特别讨厌巴结，所以重复了一句对"给"的批判。

对他人过分地恭维、逢迎、巴结，是最令人讨厌，最有损自己人格的，君子慎之才好。但对于那些"善于"者，你不得不承认：那也是一种"生存能力"，就像孔府中的紫藤、地坛的凌霄，便都是大成功者。这种人，我们也只能称之为善爬的"藤本人"，虽然自得其高高在上，得以炫耀扬己。

六十九、君子奉"三无私" 以劳天下可参天地

子夏曰:"三王之德,参于天地。敢问何如斯可谓参于天地矣?"

孔子曰:"奉'三无私'以劳天下。"子夏曰:"敢问何谓'三无私'?"

孔子曰:"天无私覆,地无私载,日月无私照。奉斯三者以劳天下,此之谓'三无私'。"

——《孔子闲居第二十九》

三王:夏禹、商汤、周文。参于天地:与天地并立为三,或可附配于天地。劳天下:以仁爱治理天下。如劳军之劳便是慰问赏赐的意思。

这几段话的意思是:子夏问孔子说:"人们说三王之德,可参配天地。敢问什么样的行为才可如此呢?"

孔子答道:"以'三无私'平治天下。"子夏又问道:"敢问什么是'三无私'呢?"

孔子答道:"天覆盖大地四方而无私一方;地承载天下万物而不私一物;日月普照万方万物而不私一方一物。如果能用这三种襟怀平治劳慰天下,便可称'三无私'了。"

"三无私"无非"公平"二字。以公而治天下,天下自平,有道是镜平丑者不怒,水平邪者取法,而物不平则鸣,事不公而争。天下所有变乱纷争,无非皆起源于一个"私"字,"私"字所为无非一个"利"字。是以盗匪分赃不均都无以成立,执掌权柄者,唯有权衡公平才不至失人于柄。

七十、君子择职：辞富贵而就
贫贱，不使"人浮于食"

子云："君子辞贵不辞贱，辞富不辞贫，则乱益亡。故君子与其食浮于人也，宁使人浮于食。"

——《坊记第三十》

食浮于人：所谓俸禄高于自己的才能；人浮于食：自己的才能高于所得薪酬。乱益亡：祸乱日渐消失。

这段话的意思是：孔子说："君子之人可辞却高贵的职位而不辞低一些的职位，辞却可使人富裕的职位而不辞使人贫困的职位，那么就不会有祸乱及身，祸乱自离你消退。所以，君子之人与其让自己的薪酬高于自己的才学能力，宁可让自己的能力超过自己的所得。"

孔子所言都是求福之道，但古往今来有几人解之、践之？恰恰其反，似无人肯辞高就低，是以古有"人心苦不足，得陇复望蜀"之叹。汉光武帝刘秀与魏武曹操都曾有此叹，但谁人又肯罢手呢？

都说人向高处走水向低处流，本无错，人是应该德才日高才是本质本色，但又有几人肯去培根植本？都想伸手摘桃一步登天才好。谁又会顾及高处不胜寒呢？

清人龚自珍在弃职离京南归时讲"颓波难挽挽颓心"，岂不知人心更难挽。惟记得知足者常乐、平安是福，便可谓明哲保身了。

七十一、君子不记父母之过而须记父行子效的原谷

子云："君子弛其亲之过而敬其美。"

子云："从命不忿，微谏不倦，劳而不怨，可谓孝矣。"

子云："睦于父母之党，可谓孝矣。故君子因睦以合族。"

子云："小人皆能养其亲，君子不敬，何以辨？"

子云："父母在，不称老，言孝不言慈。闺门之内，戏而不叹。君子以此坊（防）民，民犹薄于孝而厚于慈。"

——《坊记第三十》

以上是《礼记·坊记》中孔子论君子之孝的几段话，各段的意思是：

孔子说："君子不记父母的过错，而敬父母的美德与好处。"

孔子说："按父母的意见去办而不生气；劝谏父母时要微言相劝而不鲁莽灭裂，劝而不听也不厌倦暴躁；为了孝敬父母虽然劳苦而无怨言。这样做才可以称为孝子。"

孔子说："亲睦于父母双亲的友人同事，可以称为孝。所以君子之人以亲近和睦来团结自己的家族。"

孔子说："没有文化知识的劳动者也都能够赡养自己的父母，君子之人如果失去对父母的礼敬，那还与小人们有什么区别呢？"

孔子说："父母健在时，为人子者不能自称老，免得父母忌讳不悦；在父母面前，只谈孝顺的话题，而不谈论如何爱子，以免父母以为在影射他们；在家门内可以欢乐玩笑戏语而不可叹息，免得父母多疑增忧。君子就是如此为孝而示范于民众，但常人中还是对自己子女的亲爱厚于对老人的孝敬。"

天下父母未必尽是完美之人，也未必尽是完美之处，但对子女而言终是骨肉所来自，是至亲之人，有什么过错能抵消得了山高海深的生养抚育之恩呢？因而不可记父母过错，应尊敬他们的美德好处。"儿不嫌母丑，狗不嫌家贫"，为人子总不能狗都不如地去抱怨父母无能，索要不休，现代人尤须谨记，家贫之子尤当处处念想父母之不易。

平心而论，不管如何孝子，仔细想想又有几个对父母能比得上对自己的妻子儿女之亲呢？虽父母从不以此为迕为意，但为人子者爱妻岂可忘母恩，怜子更应惜父情。

　　古代有一个贤孙名叫原谷的人，小时候他的祖父病危，他的父亲叫他一起用担架把老人抬到荒野中任其自生自灭。但原谷却把担架拿了回来。他父亲问他为什么？小原谷答道："留着等你老了有病时，我好和我的儿子来抬你扔掉啊。"其父愧疚得不行，又带着儿子跑回去，把老人扶上担架抬回了家。这就是百姓所言"老猫房上睡，一辈传一辈"，父行子效，家庭便是孩子们最好的启蒙老师，父母的一言一行都刻在儿女的心里。把你的儿女带坏，就是对你最重的报应。

七十二、何谓"执其两端"；什么是"高明""正确"

子曰："舜其大智也欤？舜好问而好察迩言，隐恶而扬善，执其两端，用其中于民，其斯以为舜乎！"

——《中庸第三十一》

这段话的意思是：孔子说："舜帝的大智慧在哪里呢？舜在行政前不但喜欢不耻下问去征求别人的意见，而且善于明辨身边人的意见。大智若愚般地知其恶而不言，见其善而为之显扬。把偏执与保守各执一端的意见认真分析后，各取其中合理的部分综合起来施政于民。这就是大舜所以成其为大舜的所在。"

这似乎是中国最古老的"民主集中制"。各种意见尽管各有说法与目的，但总要讲出道理来，谁敢对君主的咨询信口胡说呢？即使都是盲人摸象，把他们的看法集中起来，也就知道真相了。

能把大家的智慧集中起来成为自己的智慧就自然是大智慧。能够见人不善而为其隐而不扬，见人善则扬而不隐，谁又能不乐为其用呢？而能得众人之力相助者，便是大强者。而能够分辨各种意见的对错、人的善恶，又能妥善处理，还有比这更聪明的人吗？

何谓"执其两端"？什么叫"正确"？

常人谈自己的看法，似乎都有片面性。人的思想至少受知识性的局限与利益性的影响。开车的人怎么看行人都不顺眼，当他下车步行时便会觉得开车的人个个可恨。盲人摸到大象腿的说大象是柱形的，摸到耳朵的说是扇形的。分树上的桃子，高个子主张谁摘归谁，矮子主张把树砍倒来摘。他们谁正确呢？谁错了呢？这就是两端，而言者各执一词，站在他们各自的立场上，谁都没有错。但领导者如果只听一面之词去行政则必铸大错。

然而人们常常忽略的是，就是那些片面的想法中，也是有合理因素的存在。如果把开车人步行人、的想法合在一起，综合考虑，就会制订出合理的交通法规；把盲人各执一词的看法合成，便是对大象准确的整体描述；把高个子与矮子的主张兼顾起来，就会拿出一个公平的分配政策。

什么是正确？把各种不同意见中的合理因素提炼出来，

再把它们综合起来，就是正确。领导者最高明之处不是别的，而在于能从不同的、反对的甚至偏激、片面的意见中，发现其中的合理因素而加以采用。这就叫"高明"。

七十三、道不远人：村夫愚妇
自有圣人所不知不能处

　　子曰："君子之道，费尔隐。夫妇之愚，可以与知，及其至也，虽圣人有所不知焉；夫妇之不肖，可以能行焉，及其至也，虽圣人亦有所不能焉。天地之大，人犹有所憾。……君子之道，造端乎夫妇，及其至也，察乎天地。"

　　子曰："道不远人，人之为道而远人，不可以为道。"

——《中庸之三十一》

　　这段话的意思是：孔子说"君子之道，虽大而成于小。即使很不聪明的夫妇，也可以与他们学问，他们所知道的一些极致的好看法，也许圣人都不知道；即使不贤的夫妇，也很善于作为，他们最好的技能，就是圣人也有所不能。如天地之大德，百姓尚有所怨而嫌不足，何况君子呢？君子之道，实在始于夫妇之见之行，把它发挥到极致，便可明察天地万物。"

孔子说："称得上道的并不远离人性而无法实行，人弄出些道理而又远离人性与生活的实际，那就不是道了。"

小人物的见解，未必就比大人物差；小人物所能，大人物未必就能。因为他们是现实生活的践履者、亲知亲历者。亲知才有真知，亲历才有灼见。君子之道若远离实际、实践，便不成其为道。所以孔子主张"道不远人，人之为道而远人，不可以为道"。

七十四、君子所当奉行与禁忌的职场五事

"君子素其位而行，不顾乎其外。……君子无入而不自得焉。在上位不陵下，在下位不援上。正己而不求于人，则无怨，上不怨天，下不尤人。故君子居易以俟命，小人行险以侥幸。"

——《中庸第三十一》

这段话的意思是：孔子说："君子之人应专心于本职而行事，不旁顾其他。……君子能如此便无所不从容自得了。居于上位为人上司不欺凌辱下，居于下位不攀缘巴结上司。凡事正己身而不责人，就不会有所抱怨，上不怨天，下不怪人。因此君子之人正常行事等候天命机遇，而小人却总是冒险行事以图侥幸。"

这段话大体上讲述了君子所应奉行与禁忌的五件事：①安于本职工作，不旁顾其他，自可游刃有余自在自得；②为人上司不盛气凌人于下属；③为人下属，不去溜须巴结上司；④凡事严于正己而不求全责备于人，不怨天尤人；⑤不行险侥幸以图非分意外所得。

这五个方面都切中人性卑弱丑陋处，至今依然。一些人多不安分守职，总是"吃着碗里的，看着锅里的"，根本就无一点敬业的忠诚度；为官者多对上像"哈巴狗"，对下则如"野狼嗥"，何以服人孚众；凡事不知自我反省，专门怨天尤人、求备取人责人。

孔子两千多年前所言五事，于今仍足可为职场之上的五面镜子，是以立此存照吧！行者得之，逆者失之，无谓言之不预也。

七十五、大德者必得位、禄、名、寿；人爵怎如自得天爵

子曰："舜其大孝也欤！德为圣人；尊为天子；富有四海之内；宗庙飨（xiǎng）之，子孙保之。故大德必得其位，必得其禄，必得其名，必得其寿。"

——《中庸第三十一》

这段话的意思是：孔子说"虞舜是个大孝之人啊！所以被世人德称为圣人之名；被尊立为天子之位；生前富有天下，四海之内都是他的；死后得宗庙祭祀子孙绵长。所以说人只要拥有大德，便自有位、禄、名、寿所得于身。"

古人称德为得，初闻似有所不伦不类。仔细思之，自有大道所在。自商业原则进入人类社会生活以来，似乎一切都

倒反天干：位可争而夺之，官可以钱得之，钱以不义得之，名可沽钓而得，但到头来又怎样？大秦丞相李斯临死有东门黄犬之叹，大清和珅有一朝抄家灭门之祸，历代贵为帝王者一旦失德于天下有如丧家之犬，求为平民而不可得。今日那些巨贪小墨今日被审查、明日被抄家，后日锒铛入狱会审公堂，以昔日封疆大吏、阁臣身份，而面对小吏审判诘问，真可为之悲悯伤叹，人生一世，何苦为此，何苦如此，如此又何其苦也辱也耻也？！

孟子曾有天爵人爵之论，意思是以德而得之的为天赐之爵，无可剥夺；而靠君主、上司、他人所恩赐的，侥幸所得的，称为"人爵"，因是他人所赐，所以随时可被剥夺。古往今来官场之沉浮得失的历史，足证"两爵说"的理之不易，道之不替。

人无远虑，必有近忧；为善为恶，自有果报。生于斯世还是以德为本的好，这里毕竟是人的世界。而所以有道德之称，便是告诉人：德是人道，是人间正道。

七十六、射如君子之道失鹄责己；
远始于近高起自低

子曰："射有似乎君子：失诸正鹄，反求诸其身。君子之道，辟如行远必自迩，辟如登高必自卑。"

——《中庸第三十一》

这段话的意思是：孔子说："君子修身之理如同射箭比赛一样，没有射中靶心，就去反省自身的不足之处，而不去怨天尤人。君子所行之道如出行一样，想要走得远，必须从近处起步；又如同登山一样，想要向高处攀登，就必须从最低处开始。"

孔子所讲的本意是教人若要行孝道，必要从兄弟妻子开始，如果你能与兄弟妻子友爱和好，父母也就顺心如意了。

孔子所教还有修齐治平要循序而进，先从自身做起的意思。其实，人做任何事，都要从一点一滴做起，天下万事万物所"成"，无非都是积累之"功"，这也许就是"成功"的真义吧！

七十七、栽培倾覆：世界没有心，抱怨干旱何如把自己变成雨

"故天生之物，必因其材而笃（dǔ）焉。故栽者培之，倾者覆之。"

——《中庸第三十一》

这段话的意思是：孔子说："所以天生万物，必然因其自身物性之不同，诚实地给以不同对待。所以，树木自身根基牢靠长得直的，天地就优厚地培植养护它；自身东倒西歪根本不固的，天地顺势把它埋掉。"

孔子所言，深刻无比。天道如此，地道如此，人道也如此。农夫间苗，一定把那些小的、不强壮的拔掉；果农疏

果，没有一个会把大果摘除。就这样无情，无情中却尽含大义。人生真当好自为之，自立自强而为自得天地人助。

"喜鹊老鸹奔旺枝"，"鼓破众人捶，墙倒众人推"，你自己是个垃圾堆，便什么脏物都扔到你那里。水就湿，火就躁，不止天道、地道、人道如此，连物性都如此，又怨得谁来？马太效应，天之经，地之仪。**还是尼采讲得好：世界没有心，你不要抱怨干旱，最好把自己变成雨。大树长得高，从不怕别人的尺短；腹所藏深，从不怕别人的鞭子长。**

天有所栽，地有所覆，人有所除，物有所就，天地人道如此，物性如此，而又有何怨？人生若有所怨，也只能怨自己了。呜呼！！！

七十八、人道敏政地道敏树；
治学当耻蒲卢螟蛉之误

哀公问政，子曰："文、武之政，布在方策。其人存则其政举，其人亡则其政息。人道敏政，地道敏树。夫政也者，蒲卢也，故为政在人。"

——《中庸第三十一》

这段话的意思是：鲁哀公问政于孔子。孔子说："文、武二王的大政之要，都刻在版、策上了。但这些方策有执行它的人存在，与之相对应的政态就存在；一旦制定与执行它的人不在了，那种政态也就停息消亡了。人道之实行在于勉力谋政，地道之实行在于繁植草树林木。但政的本身，就如同那些没有生育能力的土蜂要靠桑虫来嗣续一样，所以说为政之要，贵在得人。"

方策：古代文字都刻在方版、简策上，所以今日的大政方针政策也称方策。

人道敏政，地道敏树：《正义》注敏为勉，或为谋。全句的意思是治理人事没有好的政策办法，就如同土地没有草木一样。

蒲卢：土蜂子，也称蜾蠃（guǒ luǒ）。古人认为它没有生育能力，故取螟蛉之子化为己子，所以《诗经》称"螟蛉有子，蜾蠃负之"，而实为误解。螟蛉为一种桑树上的小青虫，也有称青蜘蛛的。自《诗经》古注以来，一直沿用误注，而且人们还把认养的义子称为螟蛉之子。

古今注译者对此多为抄来抄去，一直抄到南北朝时期的陶弘景，他很想搞清楚，但遍查书籍，都是此注。陶先生见知都是抄来抄去，查书是没指望了，便去找到一窝蜾蠃来观察，终于发现，蜾蠃是有生育能力的，之所以去负抱螟蛉的幼虫，是把卵产在幼虫里，为它们自己的幼虫出生准备食物的。至此这个误解才被勘破。但直到朱熹注《诗经》仍注"取桑虫负之于木空中，七日而化为其子"，足见抄功何其强大。

治学者做不到陶先生如此认真，至少该对读者有所负责，不知多少古今注者，只注那些有所可抄处而不管有用没用，凡无处可抄的，要么原文照搬代译代注，要么不译不注，即使全为大学问家注疏正义的《十三经》古注本亦不过如此，你不懂的他恰恰没疏没注，东拉西扯没用的他弄了一大堆。

古文之衰可以想见，古文不亡便是幸事。

七十九、天地之道：以至诚不二 而达博厚高明悠久

　　天地之道可一言而尽也：其为物不二，则其生物不测。天地之道博也、厚也、高也、明也、悠也、久也。

　　　　　　　　　　　　　　——《中庸第三十一》

　　这段话的意思是："天之道地之德可以一言而尽，那就是它为物至诚不二，所以生成万物而无可计算。天地之道用六个字来概括，就是博、厚、高、明、悠、久。"

　　《中庸》在这段话前面有许多铺陈，主要阐发"诚"与"道"的意义。

　　诚者在人，道存天地。而天地与人并立为三，所以天道、地道、人道是一致的。所以诚便是道，道便是诚。"是

故君子诚之为贵"。

那么，诚之可贵在何处呢？诚字不止于成就君子自身，也是成就万物之本。诚能成就自身是仁爱修身之义；成就万物，则是由其智慧。

"天命之谓性，率性之谓道"，是说天赋予人的称为性，随从天性而作为的是道。而性之德在于不违内外之道，也就是内合于人性，外合于物理。所以才会无时而不适不宜。因此说至诚之德性是没有停息的、消亡的；不亡才有长久，长久才能完全，完全贯彻才悠远，悠远才会博厚，博厚才会高明。

那么，博厚、高明、悠远又有什么意义呢？"**博厚所以载物也，高明所以覆物也，悠久所以成物也**"。由此又言及三个匹配："**博厚配地，高明配天，悠久无疆**"。而之所以如此匹配，则由于地之所以能承载万物，在于地的博厚——因其博，造物无算也不拥挤；因其厚，江河渗而不泄，流而不竭；山脉重而不陷高而不危。天之所以能覆佑万物，则在于之高而明，天下万物才得以普泽雨露阳光。而天地此德因其悠远久长，所以才可以周流不息，才会没有止境，万物也才得以长生长存。

正由此，天地虽有大美而不言，但此美自然弥彰，想不见都不可能；一切看似恒久不动，却在参横斗转、物换星移中把一切都改变；表面上天地并无所为，但却在鬼斧神工般的潜移默化中把生养万物的事完成。

在进行了上述如此众多冗长的铺陈阐发、逻辑推理演绎后，才把天道地道与人道合三而一，"一言而尽之"地为我们结论了什么是天地之道。而其真正的深意则在于人道敏政——人以诚修身养性，国以诚治平天下。儒家学说千言万语、千流万脉，此处则是一以贯之的最高宗旨。

八十、天地不已而终至无穷，
人能不已则必成其大

今夫天，斯昭昭之多，及其无穷也，日月星辰系焉，万物覆焉。

今夫地，一撮土之多，及其广厚，载华岳而不重，振河海而不泄，万物载焉。

《诗》曰："惟天之命，於（wū）穆不已。"盖曰天之所以为天也。

——《中庸第三十一》

这段话的意思是："如今的天，当初也就这么一点小光亮，可是到了它高远无穷大的时候，日月星辰都悬缀在天上，所以它便可以覆盖天下普照万物。"

"如今的地，当初也不过就那么一撮土之大，到了它广博深厚的时候，承载着像华山那样高大的山岳也不显得沉重，兼纳江河湖海也不会溢泄，以其广博的襟怀把天下万物都承载下来了。"

《诗经》上说："只有天的先在物质（命）不断向大美（穆）扩展不已才至于无穷。"这大概就是当初只有一点小亮光的天，而能生成为如今无穷之天的道理所在吧！

《中庸》还讲道：一石之广大为山，自有草木禽兽之繁，物产宝藏之所丰；勺水扩而为不测之渊薮，自有水族鱼龙之聚生，成为人的饮食财货之来源。

天地人道，山渊之理，能成其大美美大者，贵在"不已"二字；惟不已，点光可至无穷之天，撮土而至博厚之地，一石可广而为山，勺水可深而成渊。人生若有此种"不已"的精神，自会有所成有所就。是以又有言："人一能之，己百能之；人十能力，己千能之。果得此道矣，虽愚必明，虽柔必强。"君子真当自强不息，拼搏不已；有所不已则必有成就。而天下至微之业，极小之事也少有可一蹴而就的。

八十一、天地因"并"而广，
做人有"容"乃大

万物并育而不相害，道并行而不相悖，小德川流，大德敦化，此天地之所以为大也。

——《中庸第三十一》

这段话的意思是："天地同时生养万物，而物间又无所危害；万物之道并行而互不干犯；小德如河流润土不息；大德以诚厚化物不止，这就是天地之所以成其广大深厚的所在啊！"

包容，当是天地之大德，也是人的一种大能力，大智慧，尤须大襟怀。襟怀狭小，容己都难，而何有容人之处？人与万物又不同，不是你想容你能容得了的，而需要一种大能力。什么都容得下，也未必就是什么好事，需要知道什么可容什么不可容，什么可存什么必除；容下的，又如何不使其乱己，不使其相害生乱，这就需要大智慧了。

《中庸》讲"渊渊其渊，浩浩其天"，"溥博如天，渊泉如渊"，见而民莫不敬，言而民莫不信，行而民莫不悦。这是说圣人的襟怀与民心所归。普天之下没几个圣人，但凡人立足于社会，也自当广大其襟怀，人必得容人、容事、容物，才得以自容。不求有容乃大，至少也得其乐也融融才好。

八十二、君子"三不失"自得威信服人

子曰:"君子不失足于人,不失色于人,不失口于人。是故君子貌足畏也,色足惮也,言足信也。"

——《表记第三十二》

这段话的意思是:孔子说:"君子在公众场合所作所为无所失行,表情态度颜色无不得体,言谈决定无所失误。所以,君子的外表虽不骄矜也足以令人尊重,虽不严厉但面色庄重自然令人敬畏,虽不华丽所言但他讲的话却足以令人信服。"

孔子此处说的君子是指士君子——官场之君子。这些人只要持身严正,在群众中便自有威信,不用你声严色厉,人们自然敬服。所以孔子又有言:"君子隐而显,不矜而庄,不厉而威，不言而信。"孔子的话是政者，正也，为上者正而谁敢不正？老百姓的话则是一正压百邪。居官者没有威信，便该好好去反省自己；常人让大家看不起，也当反思自身才好。

八十三、君子慎祸远耻庄敬日强；
小人因无知无耻而无畏

子曰："君子慎以辟祸，笃以不掩，恭以远耻。"

子曰："君子庄敬日强，安肆日偷。君子不以一日使其躬儳（chán）焉，如不终日。"

子曰："狎（xiá）侮死焉而不畏也。"

——《表记第三十二》

笃（dǔ）：诚厚；偷：薄；儳：轻贱不庄的样子；狎侮：指放肆亵渎的小人。

这三句话的意思是：

孔子说："君子之人以谨慎小心而避祸临身，以忠厚诚实而不陷困窘之境，以敬人和气而不使自己蒙耻受辱。"

孔子说："君子临人处事以庄重礼敬，不敢亵人渎职，所以日增其德业；如果安逸放纵自己便会德业日减而薄。所以君子不允许自己有一日有轻贱放纵之态，就像连最后一天都过不去的样子。"

孔子说："那些只知轻薄放纵的小人直至死到临头都不知害之所在。"

孔子在这里讲了三件事：第一件事，君子以慎微礼敬而避祸免耻；第二件事，修身敬业一天也不要放松自己；第三件事，不要像小人那样至死不悟。

今人知祸而不避，唯利在钱（前）趋之若鹜。生死尚不避，而谈何避耻？**古人知耻近乎勇，今人越无耻而越勇，不知所畏。古人言治学、修身、立德、广业在持久守恒，自如"春园之草，不见其长而日有所增"；一日复一日地放松自己，便如"磨刀之石，不见其损而日有所亏。"**

成者在积累之功，败者亦在日复一日。而小人之所以至死不畏，因其无知，不知将死，不知死之将至，又有何可畏？

八十四、君子不以己长病人短，不以人所不能而辱人

子曰："仁之难成久矣，惟君子能之。是故君子不以其所能者病人，不以人之所不能者愧人。"

——《表记第三十二》

这段话的意思是："成为仁人之难，由来已久，只有君子能成为仁者。所以君子不应以自己所能长来诟病责人，不以他人之所不能所短而羞愧讥辱于人。"

孔子所言，是一个人最基本的修养。如果人人都能行仁义，这个世界上就没有君子小人之别。因而君子有所长，亦应容人之短；人有所短，亦不应由此而短人。所以老百姓都知道"打人不打脸，揭人不揭短"，"守矬子别说矮，见秃头别说亮"。尊重人是礼之基本，连开玩笑都要十分禁忌揭短，否则必有不堪于人于己之事发生。

八十五、政治家要考虑人民的酒量，而不以已定法律人

"是故圣人之制行也，不制以己，使民有所劝勉、愧耻，以行其言。"

——《表记第三十二》

这段话是孔子承前题所言，意思是："是以圣人在制订制约人们行为的道德规范法律条文时，是不以自己为标准的，而应使大众能接受，经过努力能达到，做不到而以为羞耻有愧，这样他所说的才能实行，他所要求的才能实现。"

孔子所言，足为所有为人上司者在工作中谨当奉行的法则。制订任何政策法律条文，下达任何指令、要求、标准，必须面对现实，否则就是空中楼阁，纸上谈兵。是以西方学

者讲：政治家一定要考虑人民的酒量，而不能凭主观任意行事。更不能按自己的个人意志制订法规政策去治人，既要考虑到大众的素质，也要考虑到人们的接受心理、承受能力。否则你一定会适得其反。你要的是河清海晏，得到的却是天下大乱。古人都懂天听即民听、天视即民视、天心即民心的道理，作为一个民主自由时代的领导者更不可一意孤行。

八十六、无愧于人者自无所畏于天

"《小雅》曰:'不愧于人,不畏于天。'"

——《表记第三十七》

这也是孔子在前题之后所引的一句诗,意思是:"《诗经·小雅》中说:'只要自己无所见愧于他人的,那也就不惧于天。'"

做人最要紧的是"问心无愧"四个字,无所愧对于人而自无所畏,连天都不怕,还有什么可畏惧的呢?是以大众有言:"平生没做亏心事,半夜不怕鬼叫门。"人千万别亏心,一亏心必心虚,心虚必自惊,而何况又有他报呢?

八十七、君子知处情处厚处贤
必受人敬尊

"是故君子不自大其事，不自尚其功，以求处情；过行弗率，以求处厚；彰人之善，美人之功，以求下贤。是故君子虽自卑而民敬尊之。"

——《表记第三十二》

这段话是孔子在论述名与实时所说，意思是：先王以名过于其实为耻辱，"是以君子之人不夸大自己所做的事，不自我吹捧自己的功劳，使自己处于实情中；所行为有过错就不掩饰不坚持，以使自己处于厚诚之地；彰显他人的仁善之处，称美他人的功劳，使自己处于敬尚贤者之下。所以，君子尽管自己低调隐己，而民众却由此而对他敬而尊之。"

扬己、显才、居功，在古代官场上是要被词臣谏官弹劾的罪状，是一种可耻的行为。也是常人立身处世的大忌。

君子不可自大其事：自称是群山临盆、大海分娩，却生下一个跳蚤，不觉脸上无光吗？写的是一篇小作文，做的是团泥球，却说是在"创世纪"，不让人见笑吗？聪明人即使在播种参天大树，也只会说我不过在种地；鲁国被齐国打败，鲁国在三军撤退时，大夫孟之反勇断其后，最后一个退入城门，人们为他称功时，他却说"是我的马跑得太慢了才最后入城"。君主称赞敢谏强项之臣时，谏臣却说：有开明纳谏之君，才有敢谏强项之臣。

人与人都是平等的，相同的。但人与人又不是可以一概量之比肩而论的。手长手短、肩高肩低、脸大脸小，这才最是天生命定的，而成其大人小人、好人坏人则多在自我修为，即使一念之间，也无不发由根基，人真当努力修为坚固根本才是。

八十八、被人"敬而远之"者非鬼即神

子曰："夏道尊命，事鬼敬神而远之"。

——《表记第三十二》

━━━━━━━━ ❈ ━━━━━━━━

这是孔子在比较夏、商、周三朝政道时所讲的一句话，意思是："夏朝政治之道是尊重君主之命，虽然也祭祀鬼神，但却对鬼神敬而远之"。

我们如果把这句话反串逆推一下，是不是可以说：人群中凡被大家敬而远之的人，不是鬼怪就是神灵呢？

人群中被敬而远之的人有两种：一种是为人上司而不得人心者，你是长官，表面上的敬，无非总要给点面子，但离你远之的，是心里看不起你；一种是臭不可闻、泼妇骂街、流氓巴叽者，人们不惹你，是怕沾臭脏鞋，这种人千万别自我感觉良好，那可就太可悲了。做人做到这"粪堆儿"上去就没意思了。

八十九、君子进退之礼："三让"而进，一辞而别

"故君子三揖而进，一辞而退，以远乱也。"

——《表记第三十二》

这段话是孔子所言，意思是："君子迎客人，过三门主人礼让三次，客人敬辞三次；告别的时候，客人只行告辞礼一次，便一去不回头。这样做是为了有个秩序而免礼乱。"

主人待客，有礼有节，方称礼节，不可过繁，是以人言："让到是礼"，就是说礼让是有分寸的，而非如俗话"礼多人不怪"。客人告别，也无须一再辞谢才是礼，只辞谢一次便当别去，是以人言"客走主人安"。而主人不可不送，也不可一送再送。

礼毕竟是敬的一种表现形式，施礼者不可过，礼过便是虚，再过便是扰客，要让客人有自由感、自在感才好。作为客人毕竟是客，不能太实在，否则便成了不知深浅的"赖搭儿"；至于"反客为主""喧宾夺主"的事最好不做；该告辞时，马上走人，千万别一挽留便恋栈，主人越是盛情，越该速辞，既尊人也自尊。

宾王之礼最基本的原则只在于一个"适"字：适度——过与不及都失礼，所谓失礼有二，过简过繁都是失；合适——主客各有各的不同，人与人不同，知不同而各有所宜才好。所谓"客随主便"，再加一条"主随客便"，不就是再相宜了吗！

九十、菩萨惧因，众生畏果；
君子言虑终而行察弊

子曰："君子道人以言，而禁人以行。故言必虑其所终，而行必稽其所弊，则民谨于言而慎于行。"

——《缁衣第三十三》

这段话的意思是："孔子说君子所说的话是教人的，君子的行为对人是有所禁约的。所以在讲话之前便要考虑到它的终了后果；在所做所为前一定要明察弊在何处，计算好会有什么负效应。能如此，民众也自会谨言慎行了。"

人说话多不计后果，所以什么话都敢说；人做事时总以为是对的才去做，而很少事先考虑到它会有什么弊处与负效应。这也许正是孔子不厌其烦地处处讲谨言慎行，乃至教弟子们"三缄其口"的原因所在吧。

人尤其在冲动、感动、泄愤、逞能时，什么话都敢说，什么事都敢做，而一旦后果发生，便后悔莫及、悔之晚矣。但这个世界上的所有语言，只一个"悔"字是最无用的。尽管《易经》与曾国藩都最很重这个"悔"字，但人死了，你悔又有什么用呢？以免再去杀人？以免二过？

人言"菩萨惧因，众生畏果"，菩萨为什么"惧因"？万事有因自有果，祸与罪之果在播种时便已注定，菩萨也改变不了。而百姓多只顾眼前利益，有什么后果他是不考虑的，是不见棺材不落泪的。而此时落泪又有什么用？人已死了。

越有身份的人越要慎言，说话要兑现的，承诺要履行的，许愿要还的，"食言而肥"不过是谑语，而食言会让你肚子疼闹肚子还闹心可是真的。越有权力的人越要慎行，屋漏在上，知其在下；针孔大的漏洞斗大的风。是以孔子又有言："小人溺于水，君子溺于口，大人溺于民，皆在其所亵也。"《诗经》上也说："白圭之玷，尚可磨也。斯言之玷不可为也。"《太甲》也说："天作孽犹可违也，自作孽不可逭。"无非都在讲言行不慎之害。

尤其是在情况不明，信息不对称的情况下，更不可轻率行事，一旦做了，一旦前提错了，那就什么都错了。失之毫厘谬之千里的事，并不罕见。许多事都不可立断立决的，一定把情况搞清，把利弊分析透，才可权衡轻重而定行止，否则必有悔惭之事发生，这是所决断作为成败利弊的关键所在。我们做不了菩萨，但最好学学菩萨的"惧因"，便自无果之可畏了。

九十一、梧桐为母所杖，竹杖为守父忧

"故为父苴（pū）杖，苴杖，竹也；为母削杖，削杖，桐也。"

——《问丧第三十五》

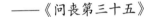

这段话的意思是：人子为父母守孝所拄的拐杖是不同的，"所以为父亲守孝所拄用的是苴杖，苴杖就是竹子所制的；父母守孝是用削杖，削杖就是比竹杖稍短小一些用梧桐木所制的杖。"

古代的丧礼中有许多文化蕴含。守丧期间为人子者可以拄杖，因身体受损，不拄杖无以行。而父母在日，儿子再弱也不可以用杖的。而守丧间用杖，父母之杖又有所不同：为父守丧时，用竹杖；为母守丧时，要用梧桐杖。

那么为什么要有此区别呢？《正义》疏：竹节在外为阳，桐节在内为阴，故父竹母桐。又有疏为：桐以示母与父同。另有种种疏注各为一说，唯无竹为岁寒三友之一，梧桐为三王之一者。立此存疑。

苴：是一种黑色的麻，称苴麻，黑色，为大忧之色。苴杖，苴不足以为杖，以竹代之；削杖：古注父尊于母，故母杖称削，有减削之意。

九十二、鸟兽伤其类哀不忍去，人哀其亲亡至死无穷期

凡生天地之间者，有血气之属必有知，有知之属莫不知爱其类。

今是大鸟兽则失丧其群匹，越月逾时焉，则必返巡，过其故乡翔回焉，鸣号焉，蹢（zhí）躅焉，踟蹰焉，然后乃能去之。小者至于燕雀，犹有啁噍（zhōu jiào）之顷焉，然后乃能去之。

故有血气之属者，莫知于人，故人于其亲也，至死不穷。

——《三年问第三十八》

这段话的意思是："天地之间凡属于有血肉气息的物种必定有所感知，凡属有所知觉的物种无不知爱惜同类。"

"那些较大的鸟兽一旦失于配偶或同伴或群体，哪怕是

它们已离去，但是过了一段时间，必定会返回故地，鸟儿会在它们的故地上空盘旋悲鸣；兽类会在它们的故地走来走去地哀号，踌躇不舍地徘徊，然后才会走开。较小的如燕子、麻雀类的小鸟，一旦死去同伴也要哀鸣一阵才会飞走。"

"但在有血气的族类中，没有比人的知觉而高的了，所以人对自己父母双亲的孝情哀思，是终其生而没有穷期的了。"

踌：多音多义字。音敌时指兽蹄；本处音直，徘徊义。啾：本音叫，咀嚼、活的多义。此处当通啾（jiū），指鸟鸣。

鸟兽的物伤其类恋群爱亲之情虽微，但每闻之无不感人至深。尽管人兽有别，而生死情悲当是相同的吧。

君子之人，见鸟兽之亡尚多所恻忍，何况双亲？尽管有所例外，但乏良知者于此则不在人之列，亦在禽兽之外。为人子者，自当仔细思量何为人？如何为人之子。

有血气的人，自当做地上的美与庄严。人之美莫大于善，然"百善孝为先"；而人之庄严又有何能重于亡亲之礼呢？

九十三、人不困于贫富贵贱君长
府衙者可称为"儒"

"儒有不陨获于贫贱，不充诎（qū）于富贵，不愿（hùn）君王，不累长上，不闵有司，故曰儒。"

——《儒行第四十一》

这段话是孔子答鲁哀公向他询问儒者之德行的长篇述辞中的一段，意思是：

"儒者不因贫贱而失心丧志，不因富贵而喜乐失于节操，不受辱于君王，不受困于长者居上者，不受官府吏员所病诟，所以才称之为儒者。"

孔子回答鲁哀公关于儒行的问话很多：**第一条便是忠信：**儒者是待聘的珍品，"强学以待问，怀忠信以待举"之人。第

二条便是守礼谦慎：儒者连衣冠都要多于礼，"动作慎"，"大让如慢，小让如伪"，"难进而易退也，粥粥若无能也"。**第三条便是端庄恭敬**："坐起恭敬，言必先信，行必中正"，不与人争，爱惜身家，准备出仕。**第四条便是道义**："忠信以为宝"，"立义以为土地"，"多文以为富"，不道义的便不合作，先劳而多受禄。"见利不亏其义"，"见死不更其守"，"上不臣天子，下不事诸侯"，"不臣不仕"，还有许多话不一一赘引。

孔子论儒，大体上是讲儒者是学问忠义待聘出仕之人，但不在不道义之国、之君手下为官。这些都不过是孔子的人格理想，很难实现。因而，在仕与不仕等方面受到墨子的强烈攻击，甚至攻击儒者们的政治操守都不如开染坊的人慎于布之所染。

九十四、"絜矩之道"：善与人同，
自己讨厌的不用来对待他人

"君子有絜（xié）矩之道也。"

"好人之所恶，恶人之所好，是谓拂人之性，灾必逮夫身。"

"仁者以财发身，不仁者以身发财。"

——《大学第四十二》

这三句话载于《礼记·大学》，意思分别是：所谓平天下在治其国者，需要行仁孝照顾到方方面面，因此"君子的头脑中应有一套度量大小长短和规矩方圆的办法才行"。

"喜好别人所不喜欢的，讨厌别人所喜欢的就是在拂逆违背人性而行，灾祸必反及自身。"

"以仁德为立身之根本的人，有了财富也不去骄奢淫逸，而是用财富来行仁爱、广义道，以此厚身养心；那些无视仁义道德的人，哪怕是有毁身心，用自己的身家性命为赚钱的工具也在所不惜。所以《礼记》又说："德者，本也；财者，末也。""

　　那么什么是君子的"絜矩之道"呢？

　　絜是用来度量长短大小尺寸的绳子；矩是用来取直制方的角尺。也就是说：君子面对形形色色的人，心中一定要有尺度，把握好分寸。

　　怎样把握好这个尺度分寸呢？《礼记》上又说："所恶于上，毋以使下；所恶于下，毋以事上"——不喜欢上司对待自己的哪些作法，就不要用来对待自己的下属；不喜欢下属对自己所采取的那些方式、方法，就不要用来去对待自己的上司。对待自己的前辈与后辈、对待自己身左身右的人，都应采取"己所不欲，勿施于人"的办法，就会上和下睦皆大欢喜了，"此之为絜矩之道"。

九十五、与人不慢不争自无暴祸临门

"君子尊让则不争，絜敬则不慢。不慢不争，则远于斗辨矣。不斗辨，则无暴乱之祸矣。"

——《乡饮酒义第四十五》

《礼记》上说，君子待人以尊让，接物以絜敬。本段的意思是："君子与人接触有尊有让，就没有纷争；有礼敬则不骄于人不怠于人。不怠慢于人又不与人争，就没有斗殴争辩，便自无暴乱之祸及身。"

乡饮酒：古代与射礼、投壶等并行的一种教化形式。国家规定各省（州）每年十二月在乡校举行乡饮酒礼仪。并制订出一整套宾主礼让，敬老尊贤，长幼尊卑贵贱有别的程序，之后全员开怀畅饮。一方面向乡民教化礼义仁爱孝敬，一方面让百姓以这种形式来扫除一年的劳苦，是以有"百日之腊，一日之泽"之言。

九十六、"好男儿志在四方"
与生之射礼

故男子生，桑弧蓬矢六，以射天、地、四方。天地四方者，男子之所有事也，故必先有志于其所有事，然后敢用谷也，饭食之谓也。

——《射义第四十六》

这段话的意思是："所以男子出生，要备好桑木弓一张、蒿梗箭六支，用来射向天、地、东、西、南、北。以象征男儿的事业在天地四方。平定四方战事是男儿的事业，是以男儿出生时一定要把这件表明男儿之志、事业之所在的'射礼'作完，才可以用谷物为食，就是可以喂孩子饮食了。"

《正义》疏男孩出生之射礼：男子出生，要把桑弓备在门左。生后三天，由射手将六矢射向天地四方，象征男儿以射为重，保家卫国是他们一生的使命。

其象征意义似应为：射天地象征男子汉大丈夫生而为人当顶天立地；射四方则象征四方有乱，男儿当驰赴疆场保家卫国，战死沙场而不惜。这也许是"好男儿志在四方"一语的由来吧。

用谷，就是以粮为食。人生三日似无消化谷物之食的能力。当为代指开始哺乳喂流食，或者古时有象征性的食谷物之食的礼仪。

古代的礼之教化作用是巨大的，只此生之射礼，便化育为一种男儿立志守边关，自当马革裹尸还，天涯何处无芳草，青山处处埋忠骨的壮烈牺牲精神而代代相传。

九十七、君子不怨不争，其争也不失君子风度

射者，仁之道也。

射，求正诸己，己正而后发。发而不中，则不怨胜己者，反求诸己而已矣。

孔子曰："君子无所争。必也，射乎！揖让而升，下而饮，其争也君子。"

——《射义第四十六》

这段话的意思是："较量射艺，这是一件体现仁义之道所在的事。"

"射箭，首先要正己身，自己的身姿调整正确后才能发箭。发射后箭不中靶心，成绩不如人而不抱怨胜过自己的对手，反身检讨自己的不足而已。"

孔子说："君子是无所争的。如果说必须要有所争的事，

那也就是较射了。但在较射一争高低的过程中，上场时，双方要互相行礼揖让；较射结束，胜负双方下场后都要互相敬酒。所以说君子有所争也不失礼让相敬，也是君子之争。"

射礼：古代的射礼是一种教化礼仪的形式。形式是比较考量射者的技艺高下，但实质却是礼仪化代。射的礼仪分两种：其一为"燕礼"——各诸侯国君主与朝官们在进行射技比赛前要举行一次饮礼酒会，酒会中天子、诸侯高高在上，群臣恭守而敬之，主要为了强化君臣意识。诸侯射礼后把优秀的射手推荐给一统王朝的天子，天子还要举行射礼，对各诸侯所推荐的人"以射观德"，不断淘汰，择优录用，但这都是形式，实质上是对诸侯一种教化控制形式，各诸侯都要在举行射礼时，入朝参拜天子。

其二，为乡饮酒礼——各州（省）举行射礼前，要举行乡饮酒礼，所有程序都以礼贤敬老为主，座次要以年龄为序，宾客中推选三名贤人称为"三宾"象征日、月、星三光。以此示尊老敬贤。

各级酒礼、射礼都围绕着君臣大义，尊老敬贤为主题，制订了一大套繁琐的程序，用这些程序，让乡人、士人、官人们实感"礼"的种种要求，是礼仪教化的实验课。

九十八、君子贵玉贱珉，人无玉质也别作石头

"《诗》云：'言念君子，温其如玉。'故君子贵之也。"

——《聘义第四十八》

这段话的意思是："《诗经·秦风》的'小戎'篇中说：'思念远方的君子，他的美好就像温存光洁的宝玉'。是以君子之人都爱重玉石。"

这段话是孔子回答子贡问他"为什么君子贵玉而贱珉"的一段话。珉是一种似玉的美石，但不是玉。时人重玉而轻珉是因为什么呢？孔子先回答说："这并不是因为珉比玉多，玉比珉价高，而是因为古人把君子之德比作玉，认为玉有十一种好处与君子之德相似相通：

①如仁：温润有泽——颜色柔和而光洁净美；②如智：缜密以栗——其质地细致坚实像栗树；③如义：廉而不刿（guì）——方正而不伤人；④如礼：垂之如坠——佩用时自重下垂如对人敬顺；⑤如乐：清而不乱——叩时其声清越绵长，不叩则不声不响；⑥如忠：瑕不掩瑜，瑜不掩瑕——有瑕疵而不掩其美好；虽美好而不遮盖自身的瑕疵；⑦如信：孚尹旁达——光采在外，照人而不隐，如人肝胆相照之诚信；⑧如天：气如白虹——一团清白之气如白虹在天；⑨如地：精神见于山川——深藏之时，所在的山川也显出它的气息，是以有"山有玉则草木润"之言；⑩如德：圭璋特达——作为聘献礼物，玉制的圭璋不假借包装可直接奉献，礼有此特定；⑪如道：天下莫不贵者——天下之人没有不以它为贵重的，这不正如大道行于天下有相同之义吗？"

孔子在阐发了宝玉具备有君子的十一种德性后，便引诗句讲了上面那句话，告诉子贡君子之人为什么会贵重于玉，而不以美丽的珉石为重。孔子是在借玉而述君子应具的美德。

古人有"宁为玉碎，不为瓦全"之语，但玉很少有碎的概率，玉有十一德之贵，谁忍碎之？石头则不然，今日明日终难全其身。庄子就讲过：石头内外都硬，怎么能长久得全呢？人皆齿亡而舌存，自有软硬之因。人即使无法成其玉质，也不要作石头，它只有被粉碎的命运，而所受击打之力皆无比狠烈强暴。"性格命运论"自是戏剧人语，但于人生亦自有其道理。

九十九、礼之大体：法天地顺人情

凡礼之大体，体天地，法四时，则阴阳，顺人情，故谓之礼。

——《丧服四制第四十九》

这段话的意思是："举凡礼的大端主体的设立制订，都体现天地所生万物之道，取法相适于一年四季变化各取其时其适的规律，不违背阴阳和谐的运行法则，而顺于人情不逆于理。正因其所摄天地人间万物，所以才称之为礼。"

《丧服四制》篇居于《礼记》最后的终篇，基本上对礼做了一个小结。上面一段话是该篇首段，下面又讲道：所谓"则阴阳"：指礼分吉礼、凶礼，二礼各行其制，互不干扰；"法四时"：丧礼有思、理、节、权四个方面的变化不同，

223

是以取法四季之理，以求变而无不宜；"顺人情"：指丧礼要坚持"四制"恩制——亲情；理制——义理；节制：尽情理而有节制；权制——权衡具体情况，有所变通而又不失于礼。有亲情为仁，有理为义，有所节制为礼，有所权为智。仁义礼智四项不缺，是以"人之道，具矣"——礼敬做人的道法也就完备了。

仔细想来，人生于天地之间，不过五尺之躯，能成何事？**凡能成其大事者，无不得人助之力。**那么，如何得人相助呢？无非礼下于人，敬爱于人。**有道是"士为知己者死，女为悦己者容"，"马为策己者驱，神为敬己者通"。**就是那些贵为帝王者，除亡国失鹿的君主外，又哪一个少得了得人死力相助呢？又有哪一个不礼贤下士礼敬于人呢？

一〇〇、礼之"三"何其如此之多；人何以得与天地并立为三

"父母之丧，衰（cuì）、冠、绳缨、菅屦（jiān jù），三日而食粥，三月而沐，期十三月而练冠，三年而祥。"

——《丧服四制第四十九》

这段话的意思是："父母去世人子为父母服丧，要穿孝服、戴孝冠，以绳系丧冠，以草鞋为丧鞋；父母去世三天内不食，三天后才可以吃粥，三个月后才可以摘去孝帽而戴粗布冠；到了第三年才能解除孝服终其丧期。"

"三年而祥"：古礼制一般守丧礼：一周年之祭称小祥之祭；二周年便为大祥祭；三周年除孝终丧。此段中的"三

年而祥"当指三年而终丧。似不能注为到第三年才行大祥祭。但各代礼俗有所不同。衰：指临丧所服麻布衣冠。菅屦：草鞋。练冠：粗布冠。

那么，男子为什么在烧周年后可以先从除孝冠开始除服，而女子则可以解去孝带子呢？就是所谓的"期曰小祥，男子除乎首，妇人除乎带"。因为古礼称"男子重首，妇人重带，除服者先重者。"

古代丧礼为什么那么多以"三"为限呢？

如"三日食粥"——三天后才可以吃粥；"三月而沐"——三个月后才可洗头；"十三个月而练冠"——十三个月才可除去孝冠；"三年除服"——守丧三年才可尽除孝服；还有"三日不怠，三月不解"——哭祭三日内不绝声，三月内卧不解带宽衣；"三年忧"——三年去职回乡守丧尽哀称丁忧在身；"三日而杖"——守丧三日后，可拄杖；等等。这是丧礼之限数，而吉礼也诸多以"三"为限数。

如"礼有三让"，"建国必立三卿"，乡饮酒礼要举称"三宾"。称天地人为三才，日月星为三光等。而且在先秦诸子的著述与民间俗语中，甚至在中外宗教中都随时随处可见以三为数限的地方，"三"有什么特定的含义呢？

一般以俗语为解，"三"这个数字是一个极限，如俗语云："事不过三"，"可再一再二，不可再三再四"；以玄学为解，则有"一生二，二生三，三生万物"之说；从数量上来分析有多的意思，如一人为私，二人为伍，三人为众，等等。

《礼记》中对"三"的象征与寓意，从礼的角度做了诸多解释：如"礼有三让"，源自古代诸侯相会见时，入宫要经过三道门，宾主就是要礼让三次而后入；乡饮中举三位乡贤为"三宾"，为众宾之长，则象征日、月、星三光，以示崇尚贤人；孔子说父母亡，子要守丧三年为期，则象征人子生后三年才能离父母怀抱，所以当以三年为报。

　　《礼记》中还说："月者三日成魄，三月则成时，是以礼有三让，建国必立三卿，三宾者政教之本也，礼之大参也。"认为礼以三为大数，是参照月亮的变化而来。

　　那么"月三日而成魄，三月成时"，是什么意思呢？月魄就是月光。旧历每月末为"月黑头"无光之夜，月亮又一轮初现，须三日才有月光，所以古称月"三日成魄"；"三月成时"是指三个月成一季。而礼为限，古代又有日为阳，称日魂；以月为阴，称月魄之说，所以礼数多以月为参，以三为量、为限。

　　道学家言：一生二，二生三，三生万物。太极混阴阳而为一，是以古称"太一"；太极分阴阳而为天地，是以有二；天地合而生万物即为三而至无穷。人为一而分男女为二，男女合而生三，是有子孙万代永续。

　　天为阳，地为阴，人生天地之间而兼阴阳男女；是以天有天道，地有地道，人有人道；是以古人称天地之间万物之中人为大，与天地并立为三。而人之所以敢自称为天地万物间之大者之灵长，无非在一个"礼"字，一个"节"

字，无礼则与禽兽无异；有礼而不知节之所在，那便会禽兽不如。而礼便是人道，人道本兼天地之道。是以，人须行人道，守礼节，方可与天地并立为三。是以，有血气的人得为神学家奥古斯丁所称之"地上的美与庄严"。

鸣　谢

　　该书均以浙江古籍版《十三经注疏》中的《礼记正义》为底本，分别参阅中华书局版白文本《四书五经》，上海古籍版《礼记译注》（杨天宇先生撰）一并鸣谢。

2015年7月15日
于北京时代华文书局